Hamburger Abendblatt

Hamburg

Jahrbuch 2003

Herausgegeben von
Hans-Juergen Fink, Matthias Gretzschel,
Irene Jung und Berndt Röttger

Hamburger Abendblatt

Stadtleben ist eine Baustelle: Hamburgs Alltag
26

Politkrimi mit Schlammschlacht: Das Rathaus
44

Hafen, Tchibo, der kleine Airbus und Jil Sander:
Die Wirtschaft
90

Schöner hören, besser sehen –
Jahr eins der Color Line Arena
104

Hamburger Chronik 2003
142

Menschen des Jahres
260

Inhalt

Vorwort

So etwas hat Hamburg in seiner langen Geschichte nie erlebt: Ein hanseatischer Bürgermeister sieht sich – in seinem Amtszimmer, vom Innensenator, der sein Stellvertreter ist – mit Vorwürfen und einem Erpressungsversuch konfrontiert, die auf seinen privatesten Bereich zielen. Bürgermeister Ole von Beust hat kompromisslos klar reagiert und Ronald Barnabas Schill fast noch zur selben Stunde aus dessen Amt entlassen. Und die Stadt hat aufgeatmet.

Ob der politische Weg des Polarisierers, Provokateurs und Populisten damit wirklich am Ende angekommen ist, bleibt abzuwarten. Mit einigem Abstand darf man aber schon feststellen: Wer auf dringliche Probleme lautstark und wählerattraktiv hinweist und deswegen in die Regierungsverantwortung gestellt wird, hat längst nicht schon genug Umgangsformen und Format, das Wohl der Stadt tatsächlich zu mehren. Schill hat als politischer Amokläufer dem Ansehen Hamburgs mehrfach und im gesamten Land spürbar geschadet – der Erste Bürgermeister tat wohl daran, dem ein abruptes Ende zu setzen.

Wird dieser beispiellose Vorgang noch Jahre später unseren Blick auf 2003 dominieren? Wohl kaum; das wäre zu viel der Ehre. Denn Hamburg hat Wichtigeres zu tun. Und Deutschland braucht Lösungen auf ganz anderen Ebenen, wenn es mit der sozialen Marktwirtschaft seinen Weg in eine akzeptable Zukunft finden will.

2003 wird vielleicht als das Jahr rasch wachsender Arbeitslosigkeit in Erinnerung bleiben, als das Jahr, in dem endlich erkannt wurde, dass für alle sozialen Netze nicht mehr Reförmchen und Kompromiss-Verwässerungen gefragt sind, sondern ein mutiger und massiver Umbau. Nur so könnte der Spagat zwischen sozialer Sicherheit und dem ersehnten Wiederanspringen der Konjunktur gelingen. Noch ist es nicht so weit, noch stottert der Wirtschaftsmotor, noch verwirren verzagte Bremser ihre Wähler mit täglich neuen Schritten in jede erdenkliche Richtung – bloß nicht nach vorn.

Zwar kann Hamburg allein im Konzert der deutschen Politik nicht allzu viel ausrichten. Aber es steuert einen Hafen bei, der boomt wie lange nicht; es hat mit der HafenCity Europas größtes Städtebauprojekt in Angriff genommen. Das Hamburger Konzept für die Zukunft heißt »Wachsende Stadt«, in ihm sind die bedeutenden Kompetenz-Cluster aufgeführt, die überregionale Strahlkraft ent-

Hamburg schöpft seine hohe Lebensqualität nicht zuletzt aus dem Engagement seiner Bürger: Mäzene, Stifter und Sponsoren leisten von jeher ihren Beitrag zum Gemeinwohl der Hansestadt

wickeln und für kommenden Wohlstand sorgen sollen – Flugzeug-industrie und Tor nach China sind nur zwei davon. Und Hamburg hat schnell verkraftet, dass die Lokomotive seiner Stadtentwicklung, die Olympia-Bewerbung für Deutschland 2012, im April unerwartet in Richtung Leipzig abgebogen ist.

Ich möchte drei weitere Beispiele nennen, die zeigen, dass wir nicht stehen bleiben können, dass und wie etwas getan werden kann.

Das neue Arbeitszeitmodell für Lehrer zeigt – Schwächen im Detail zugestanden – einen Weg auf, wie im Ausbildungsbereich das vorhandene Personal stärker in die Pflicht genommen werden kann. Wer darauf statt mit konstruktiver Kritik mit dem Boykott sinnvoller Erziehungsangebote (Klassenfahrten, Theaterbesuche, Schulorchester) reagiert, hat nicht verstanden, dass jeder Einzelne seinen eigenen Beitrag zur Zukunftsfähigkeit unserer Gesellschaft leisten muss – nicht immer nur der andere. Ich weiß, dass wir Lehrer unter unseren Lesern haben, die dies entschieden anders sehen. Deshalb dürfen wir trotzdem nicht an unbequemen Wahrheiten vorbeigehen.

Das andere Beispiel: Hamburg ist vorbildlich, wenn es um privates Engagement für öffentliche Belange geht: 863 Stiftungen setzen ehemals privates Kapital für soziale und kulturelle Zwecke ein, damit ist Hamburg deutsche Stiftungshauptstadt vor München mit 515 und Berlin mit 452. Im Jahr 2003, dem Jahr der leeren Kassen, ist das spürbar geworden und vielfach gewürdigt. Zwar muss man erst mal haben, um zu stiften – aber ungewöhnlich viele Hamburger tuns dann auch.

Gutes tun – das ist mein drittes Beispiel – kann man auch mit kleineren Beträgen: Als eine Flutwelle der Elbe und ihrer Nebenflüsse im August 2002 Städte und Dörfer im Osten verwüstet hatte, spendeten die Hamburger sage und schreibe 13 Millionen Euro, die vom Abendblatt und von den anderen Medien der Stadt zügig ins Katastrophengebiet verteilt wurden. Auch das war gelebtes Miteinander, für das ich mich hier ganz herzlich bei Ihnen bedanke.

Anpacken, auf den Weg bringen, sich durch Gegenwind nicht entmutigen lassen – das sind die vielleicht wichtigsten Devisen für die nächste Zukunft. Damit wir auch in Zukunft einen Jahrhundertsommer genießen können. Denn der hat uns 2003 so richtig erfreut.

Menso Heyl
Chefredakteur Hamburger Abendblatt

Geschafft!

In rasanten 13 Tagen legte die US-Segel-Yacht »Zaraffa« von Skipper Huntington Sheldon (73) die 3500 Seemeilen der DaimlerChrysler North Atlantic Challenge (DCNAC) von Newport zurück. Navigator Mark Rudiger schwenkte vor Freude die US-Flagge, als die Yacht am Sonnabend, 28. Juni 2003, die Ziellinie vor Cuxhaven erreichte. Die 20 Meter lange Yacht holte nicht nur den Titel »First Ship Home«, sondern auch nach der Handicap-Berechnung den absoluten Sieg der Regatta mit 63 Yachten, die zum 100. Geburtstag des Hamburgischen Vereins Seefahrt (HVS) ausgerichtet wurde.

Großer Wurf am Thalia Theater

Im Sommer wurde das Thalia Theater zum »Theater des Jahres« gewählt. Mit der Uraufführung von Dea Lohers »Unschuld« durch Andreas Kriegenburg blieb das Theater auf Erfolgskurs. Autorin, Regisseur und Schauspieler wurden vom Premierenpublikum im Oktober gefeiert.
In dem Stück erzählt die Autorin den Leidensweg zweier schwarzer Immigranten Christoph Bantzer als Elisio, Doreen Nixdorf als Rosa durch eine Hafenstadt, die unschwer als Hamburg auszumachen ist.

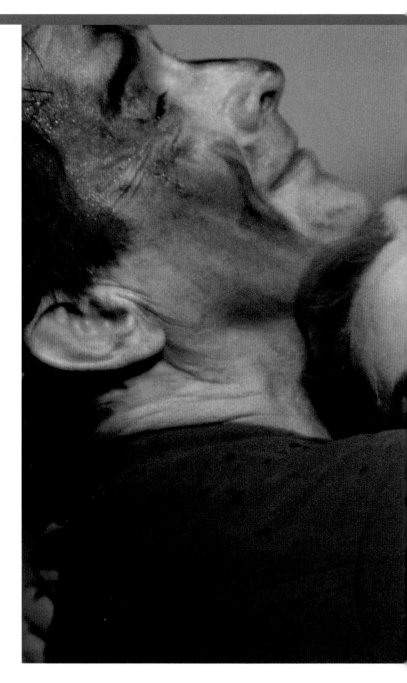

Großputz
im Rathaus

Im Großen Festsaal des
Hamburger Rathauses
kontrolliert ein Elektriker
die Glühbirnen der Kron-
leuchter: 276 Birnen
leuchten an jedem der
1,5 Tonnen schweren
Lüster. Die Kronen des
Festsaals hängen an Stahl-
seilen und können seit
1985 per Elektromotor
und Seilwinde herabge-
lassen werden. Vorher
mussten die Lampen
zum Putzen und Austau-
schen per Muskelkraft
herab- und heraufgezo-
gen werden.

Symbole und Überzeugungen

Der rote Luftballon hat
die Form einer Bombe,
fordert aber zur Friedfer-
tigkeit auf. Was mögen
die Polizisten empfunden
haben, als sie den Zugang
zum amerikanischen
Generalkonsulat sperr-
ten? Etwa 3000 Men-
schen, die gegen den
Irak-Krieg demonstrier-
ten, standen ihnen
gegenüber.

Lichtermeer
im Advent

Das Hamburger Rathaus
bildet die ideale Kulisse
für den größten Weih-
nachtsmarkt der Hanse-
stadt. Diese Aufnahme
vom Turm der Haupt-
kirche St. Petri zeigt die
gesamte Innenstadt in
festlicher Beleuchtung.

Der Meister und
seine Kreaturen

Zur Ausstellungseröff-
nung in den Deichtor-
hallen stellte sich der
amerikanische Künstler
Alex Katz zwischen seine
Werke. Dabei handelte es
sich um 45 stehende,
sitzende oder liegende
Figuren, die der Pop-Art-
Künstler aus Holz oder
Aluminium ausgeschnit-
ten und anschließend
bemalt hatte.

Lachende
Frauen

Gedränge in der Prinzen-
bar auf dem Hamburger
Kiez. Doch diesmal steht
kein Konzert auf dem
Programm. Stattdessen
präsentiert eine junge
Autorin, die Kult gewor-
den ist, ihr neues Buch:
Auflagenmillionärin
Ildikó von Kürthy (35)
signiert ihren neuen
Roman »Freizeichen«, aus
dem die Schauspielerin
Isabell Fischer zuvor
gelesen hat. Er beschreibt
voller Gags die Abenteu-
er der Heldin Annabel
auf Mallorca. Die Fans
im Saal – fast ausschließlich junge Frauen –
amüsieren sich prächtig.

Schnee
im November

Wie verzaubert liegt das
Elbufer von Neumühlen
unter dem ersten Schnee
des Winters. Weit spannt
sich der rötliche Abend-
himmel über den Fluss.
Die Bewohner der
Seniorenresidenz Augus-
tinum werden den Blick
hinüber zu den Lichtern
des Hafens und zur
Köhlbrandbrücke
genießen.

Der Mond von Wanne-Eickel ...

... ist zwar viel besungen, aber der Mond von Hamburg wird immer mehr besucht: Mit 3,1 Millionen Übernachtungen allein in den ersten sieben Monaten des Jahres ist die Zahl der Übernachtungen in Hamburg im Vergleich zum Vorjahreszeitraum um 7,4 Prozent gestiegen. »Hamburg ist auf dem besten Weg, das Ziel von 5,3 Millionen Übernachtungen in diesem Jahr zu erreichen«, sagt Tourismus-Chef Dietrich von Albedyll. Kein Wunder bei so einem Ambiente mit Landungsbrücken, der schwedischen Gustav-Adolf-Kirche, der Katharinenkirche – und dem Mond.

ben ist eine Baustelle:
Hamburgs Alltag

Ach, wären doch nur alle Konstruktionen in Hamburg so übersichtlich wie diese für den Neubau des Hamburger Flughafens. So mancher »Unterbau für die Zukunft« stieß hingegen auf Kritik bei den Hamburgern. In der Bildungspolitik sorgte das neue Lehrerarbeitszeitmodell für Einbrüche. Und bei den Kita-Gutscheinen schauten viele Familien erst mal in die Röhre. Als »Wachsende Stadt« muss Hamburg nicht nur bauen, sondern auch Lebensqualität organisieren – selbst bei klammen Kassen. Für Hochs sorgte im Sommer 2003 vor allem eines: das Wetter.

Matthias Schmoock Heiß ging es in diesem Jahr in Hamburg zu. Der Sommer ließ keine Wünsche offen. Und in Schulen und Kindertagesstätten stieg die Emotionskurve auch ziemlich kräftig. Einigend wirkte da bestenfalls ein neu definiertes Leitbild: Es heißt »Wachsende Stadt« und soll Hamburg in eine echte Weltstadt verwandeln.

Kita-Gutschein – das war für Tausende Hamburger Eltern vermutlich das Reizwort des Jahres. Bei vielen blieben bis zum Jahresende Frust und Ratlosigkeit, bei anderen kalte Wut und Verzweiflung. Dabei hörte sich das Konzept zuerst ganz gut an, zumal es bei der Vergabe der Plätze schon seit Jahren Unstimmigkeiten gegeben hatte. Eltern sollten sich beim Bezirksamt zunächst einen Gutschein holen und sich dann eine Kindertagesstätte ihrer Wahl aussuchen können, ohne vor verschlossenen Türen zu stehen. Mehr Wettbewerb unter den Kita würde zu mehr Anstrengungen bei der Qualitätssicherung führen, so die Vorüberlegung in der zuständigen

»Kita-Gutschein«, ein Reizwort des Jahres: Bürokratische Bewilligungskriterien, lange Wartezeiten und zu wenig Plätze erzürnten viele Eltern. Die GAL protestiert mit diesem Plakat: »Kita-Täuschung«

Schulbehörde von Senator Rudolf Lange. Vereinfacht gesagt: Die Kita sollten sich mehr nach der Nachfrage richten müssen, die Eltern weniger nach dem Angebot. Im Behördenjargon hieß es dazu: Die »Nachfragemacht« der Eltern solle gestärkt werden. Ein Strickfehler war indes vorab schon klar: Obwohl die Schulbehörde selbst einen Bedarf von mehr als 10 000 zusätzlichen Kita-Plätzen zugab, sah das neue Konzept keine Ausweitung vor. Wer das anmahnte, wurde über Sparzwänge belehrt – im Idealfall sollte das neue System auch hier Abhilfe schaffen. In einem Interview verwies Bildungssenator Lange auf Studien, wonach in Teilbereichen, zum Beispiel bei der Ganztagsbetreuung, sogar ein Überangebot bestehe. Hier sei eine Umwandlung in Teilzeitplätze möglich, der Markt würde also sozusagen das Angebot bereinigen. Freie Kita-Marktwirtschaft sagten die einen dazu – brutales Sparprogramm auf dem Rücken der Kinder die anderen. Was auf dem Papier reibungslos klappt, läuft in der Realität nicht automatisch genauso gut – vor allem dann nicht, wenn so viele Menschen betroffen sind wie bei der Vergabe von Kita-Plätzen.

Schon im April demonstrierten 2000 Eltern und Kinder gegen das neue Kita-Gutscheinsystem

Die Verunsicherung vorab war groß, lange bevor im Mai die ersten Scheine ausgegeben wurden. Etliche Eltern hatten sich bei ihrer Wunsch-Kita auf eine Warteliste setzen lassen, manche gleich bei fünf, andere bei zehn. Das Abendblatt zitierte im Februar eine Kita-Leiterin: »Bei uns stehen 120 auf der Liste. 30 nehmen wir, 30 kriegen woanders einen Platz, 60 gehen leer aus.« Auch das Prozedere in den Bezirken war bei der Scheinvergabe höchst unterschiedlich: Mal wurden Eltern auch hier auf eine Warteliste gesetzt, mal vertröstet und wieder nach Hause geschickt. Wer sich informieren wollte, bekam bei der Kita zu hören »Kommen Sie wieder, wenn Sie einen Platz haben« und im Bezirk: »Wir können Ihnen noch nicht sagen, ob Sie einen Platz bekommen.« Wie das Abendblatt ausrechnete, wurden Eltern, die einen Kita-Gutschein beantragten, insgesamt in 1920 Kategorien eingeteilt, darunter 48 Einkommensstufen. Der bürokratische Aufwand war für viele schwer zu durchblicken, vor allem Mi-

Eltern wurden vertröstet

Senator Rudolf Lange besucht die Kita Schede- straße. Aber auch Malen nach Zahlen hilft nichts: Er erntet Kritik von Eltern und Kita-Trägern für sein Gutscheinsystem

grantenfamilien hatten damit große Mühe. Und der Gutschein war in etlichen Fällen seinen Namen nicht wert. Wenn in der Kita der elterlichen Wahl kein Platz mehr frei war, hieß es: weitersuchen. Das kannten die Eltern ja schon aus Vor-Gutschein-Zeiten. Andere Probleme waren neu. Nur ein Beispiel: Da wurde einer Mutter, nachdem sie ein zweites Kind bekommen hatte, die Betreuungszeit für ihr erstes Kind auf vier Stunden zurückgestuft, nach dem Motto: Jetzt haben Sie ja mehr Zeit. Noch Anfang August hatten viele Eltern (darunter die Berufstätigen der Kategorie vier – Fortsetzung der Förderung) noch immer keinen Gutschein bekommen. Bei etlichen bedrohten die »Anlaufschwierigkeiten« sogar die Existenzgrundlage.

Bildungssenator Lange, dessen Behörde das neue Konzept schon Jahre vor seinem Amtsantritt zu entwickeln begonnen hatte, wehte der Wind scharf ins Gesicht. Er wertete das Gutscheinsystem als vollen Erfolg: Wie die Behörde im September darstellte, seien die Elternbeiträge mittlerweile um zehn Prozent gesunken, weil das Kindergeld bei der Berechnung des Familienanteils nicht mehr berücksichtigt wurde. Hamburg liege bei den Kita-Kosten im Mittel-

Wieder mal Protestbesuch im Amt für Jugend: Kinder und Betreuer der Kita Iserbrook übergeben Unterschriften an Dr. Jürgen Nähter. Sie wehren sich gegen die Schließung des Kinderhauses Blümchen

feld. Die Opposition legte andere Berechnungen vor und beschwor Lange im Verlauf des Jahres mehrmals (erfolglos), einen fraktionsübergreifenden Pakt für die Kita einzugehen. Natürlich konnten auch viele Hamburger Familien – das muss fairerweise gesagt werden – vom neuen Kita-System profitieren, und Umstellungen sind bekanntlich fast immer von Startproblemen begleitet. Aber am Ende blieb beim Gutscheinsystem neben einem Haufen Zahlensalat vor allem eines übrig: viel Verdruss auf allen Seiten.

Auch die Eltern vieler älterer Kinder mussten in diesem Jahr einiges über sich ergehen lassen. Aus Ärger über das neue Arbeitszeitmodell an den Schulen bedienten etliche Hamburger

Den ersten Kita-Gutschein bekamen die Eltern von Kai Ehlenbröker (3). Damals hieß es noch: Die Gutscheine werden »in den nächsten Wochen zugestellt«. Weil aber die Gutscheine auf sich warten ließen, blieben viele Kita-Plätze unbesetzt

Lehrer ihre Protest-Klaviatur. Zunächst gab es Unterrichtsboykott, Schulblockaden und Handzettel vor dem Tor. Später kündigten Lehrer an, dass sie künftig auf Klassenreisen und andere Aktivitäten verzichten wollen, die nichts direkt mit dem Unterricht zu tun haben. Die Folge: Die Bundesjugendspiele stehen auf der Kippe, »Jugend trainiert für Olympia« wird ohne Hamburger Beteiligung über die Bühne gehen.

Warum das alles? Kern des umstrittenen Modells ist eine völlig neue Berechnung der Lehrerarbeitszeit. Jedes Fach in jeder Klassenstufe wird mit einem Faktor belegt; außerdem werden die Lehrertätigkeiten, darunter Verwaltungsarbeit und Unterricht, genauer ermittelt. Grundlage der Berechnung ist die 40-Stunden-Woche, über die Einführung des Modells wird unter anderem der Anspruch der Schulen auf Lehrerstunden gesenkt. Zahlreiche Lehrer und mit

Eltern zeigen am Emilie-Wüstenfeld-Gymnasium ihren Unmut über die Bildungspolitik des Senats: Es geht um die Folgen des neuen Lehrerarbeitszeitmodells

ihnen viele Eltern und Schüler befürchten, dass sich daraus eine deutliche Mehrbelastung ergibt. Nach den Sommerferien zeigte sich, dass die Grund- und Leistungskurse in den Oberstufen weit voller sind als bisher, Leistungskurse mit mehr als 25 Schülern eine Folge des neuen Modells. Kritiker glauben, dass über das Modell rund 1000 neue Lehrerstellen eingespart werden sollen – wieder eine Bereinigung des Marktes durch die »kalte Küche«. Der Bildungssenator steuerte gegen und blieb gewohnt hartleibig: Immerhin sei ein jährlicher

Überfüllte Oberstufenkurse

Bei einer »Bildungsparade« der Gewerkschaft Erziehung und Wissenschaft wird symbolisch der »Zerstörer BBS Lange« bekämpft

Zuwachs von 100 Lehrerstellen garantiert, die Versorgung Hamburgs liege weit über dem Bundesdurchschnitt. Die frustrierten Pädagogen wurden kräftig unterstützt von den diversen Interessenverbänden, die schon seit Jahren bei allen möglichen Gelegenheiten zum Kampf rufen. Von der Schulbehörde kam da unter anderem der Rat, die Eltern sollten sich gegen die Lehrerproteste zur Wehr setzen. Fragt sich nur wie. Vielleicht mit einem Schulboykott? Ob die Haltung der Pädagogen nun berechtigt war oder nicht: Bei vielen Hamburgern bleibt das bittere Gefühl, dass hier wieder mal ein Streit auf dem Rücken der Kinder ausgetragen wird.

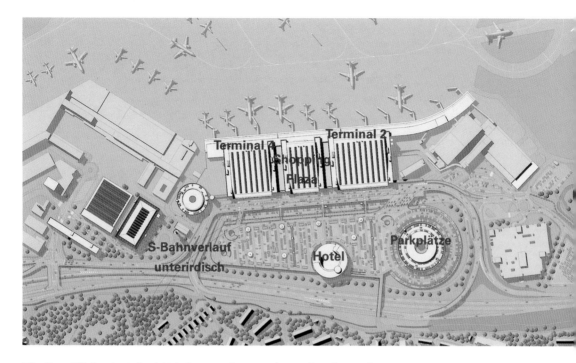

Hamburgs Flughafen: Nach 72 Jahren ist der alte Terminal 2 abgerissen. Der neue, oben ein Modell, soll mit elf Fahrgastbrücken bestückt werden

Ein Begriff, der im Jahr 2003 fast aus dem Nichts auftauchte, sollte schon nach kurzer Zeit in keinem Programm und keiner Rede mehr fehlen: »Wachsende Stadt«. Der Begriff, der originär auf Finanzsenator Wolfgang Peiner zurückgeht, wurde im Laufe des Jahres zu einem Synonym für Hamburgs ungebremstes Zukunftsstreben – auf welchem Gebiet auch immer. Die Stadt als Investitions-, Forschungs- und Wirtschaftsstandort soll ihren Status so ausbauen, dass sie sich zur anerkannten Metropolregion entwickeln kann. Keine Veranstaltung mit ranghohen Gästen, bei der das Leitbild der »Wachsenden Stadt« nicht propagiert, ja regelrecht eingefordert wurde. Das Bild gedieh und füllte sich mit Leben. So wie das Gras nach einem warmen Sommerregen – kräftig gedüngt mit Konzepten und Verträgen. Nur ein paar willkürlich herausgegriffene Ereignisse, die alle mit der großen Klammer »Wachsende Stadt« zusammengefasst werden können: Innerhalb von nur einer Woche wurden in Hamburg die Neubaupläne für das UKE vorgestellt und die Städtepartnerschaft Hamburg/Lübeck besiegelt. Man weihte Terminal 2 des Flughafens ein, aus Berlin rief sogar der Kanzler an und versprach, sich für die Verlängerung der Airbus-Startbahn einzusetzen. Hamburg soll wachsen – in die Region und in den Himmel. Einst hatte Altbundeskanzler Helmut Schmidt die Stadt als »schlafende Schöne« bezeichnet (»sie genießt den heutigen Tag und scheint den morgigen für selbstverständlich zu halten«), aber damit soll nun offenbar Schluss sein. Der Oberbaudirektor redet laufend von der »Wachsenden Stadt«, ebenso der Präses der Handelskammer. Wissenschaftssenator und Uni-Präsident sind dabei, Ärzte, Kulturschaffende, Unternehmer und immer wieder der Finanzsenator. Das Prestigeprojekt dieses Leitbildes war und bleibt – wenn auch im

Die HafenCity ist das Symbol für die »Wachsende Stadt« Hamburg. Das einzige bislang fertig gestellte Haus ist die neue SAP-Niederlassung (rechts)

Jahr 2003 noch weitgehend unsichtbar – die HafenCity, das Symbol für Wachstum am Hafenrand und Brückenkopf für den viel zitierten »Sprung über die Elbe«. Als Bürgermeister Ole von Beust im Sommer vor 400 hochrangigen Gästen über das Leitbild sprach, tat er es demonstrativ im SAP-Haus, dem einzigen bislang fertig gestellten Gebäude der HafenCity. »Wir wollen national und international ganz oben mitspielen«, rief von Beust ins Mikro. Immerhin versprach er, die Menschen auf diese rasante Zukunftsreise mitzunehmen.

Ja, die Menschen. Da haperte es dann doch etwas, denn wie soll Hamburg sein angepeiltes Ziel von zwei Millionen Einwohnern bei sinkenden Geburtenzahlen erreichen? Zum Jahresende präsentierte der Finanzsenator die Lösung: Qualifizierte Asiaten und Osteuropäer müssten tausendfach auf den Markt Hamburg dringen – gesteuerte Zuwanderung nennt sich das. Das Abendblatt sprach von einer mutigen und richtigen Vision, erinnerte aber auch daran, dass Peiners Parteifreunde in Nordrhein-Westfalen einst mit dem Slogan »Kinder statt Inder« wahlkämpften.

Ein weiteres Prestigeprojekt, das im wahrsten Sinne des Wortes viel Staub aufwirbelte, war die Europa-Passage, vielmehr deren Baubeginn. Zur Erinnerung: Über das Projekt (mit einem Volumen von mehr als 430 Millionen Euro) sollen die Besucherströme zwischen Mönckebergstraße und Jungfernstieg neu gesteuert werden. Die Planer versprechen sich eine Belebung der Innenstadt und damit die Erfüllung einer seit Jahren gestellten Forderung. Dafür mussten etliche Gebäude weichen, manche fast 100 Jahre alt. Und: Der historische Straßenverlauf wird stellenweise überbaut, die Achse zwischen Rathaus und Glockengießerwall wird nach mehr als 160 Jahren zerstört werden. Mitte Mai wurde das erste Haus an der Ecke Paulstraße/Kleine Rosenstraße abgebrochen, aber das Aussehen der neuen Passage präsentierten Bausenator Mario Mettbach und Stararchitekt Hadi Teherani der Stadt erst im Juni.

Die neue Europa-Passage

Die 160 Meter breite Fassade zum Ballindamm hin wird aus Naturstein und viel Glas bestehen, das Kupferdach passt sich den Häusern der Umgebung an. Sie ersetzt unter anderem die Fassade des Europahauses, das als schönstes der Abbruchhäuser erst Ende September zusammenkrachte. Als besonderer Clou gilt die Verbindung mit dem benachbarten »Haus Vaterland« an der Ecke Bergstraße. Das Gebäude wird durch Säulen und einen nach oben gezogenen ersten Stock optisch auf Stelzen gestellt. Durch die so entstehenden Arkaden können Besucher direkt von der Ecke Jungfernstieg in die Europa-Passage gehen. Dort gelangen sie in eine 25 Meter hohe Halle mit Panora-

Die Europa-Passage – eine neue Mall, die Jungfernstieg und Mönckebergstraße verbinden soll. Mitte Mai wird dafür das erste alte Gebäude abgerissen (rechts), das neue Gebäude mit Arkaden (unten) soll eine neue Attraktion an der Alster werden

mafahrstuhl. Im zweiten Stock liegt eine große Gastronomie mit Blick über die Binnenalster, auch vom dritten Stock aus werden die Gäste weit über die Innenstadt schauen können. Die Stadt wächst und verändert ihr Aussehen für immer.

Neben Architektur und Bildungspolitik sorgten vor allem weibliche Namen in diesem Jahr für erhitzte Gemüter: Bärbel, Gabi und Netti zum Beispiel. Diese Wetter-Hochs heizten den Hamburgern kräftig ein. Permanente Sahara-Wärme aus Südwest, gleißendes

Licht und stahlblauer Himmel – so wurde Hamburg wochenlang, monatelang morgens geweckt. Mal etwas schlapp, mal ziemlich beschwingt stürzte man sich dann in die immer heißer werdende Stadt. Der Sommer war ein Traum, oft zu schön, um wahr zu sein. Nur blieb die leise Furcht, schon morgen könnte damit wieder Schluss sein. Hamburg, sonst im Sommer oft so kühl und regnerisch wie in einem Dauer-April, wurde diesmal von einem Hoch nach dem anderen in Hochstimmung versetzt. Zum Beispiel Hoch

Was für ein Traumsommer! In den heißen Wochen im Juli und August verlagern die meisten Hamburger das Leben nach draußen. In Niendorf werden liebevoll durstige Straßenbäume begossen. Skipper entdecken Hamburgs »Karibikstrände« der Inseln Neß-, Schweine- und Hanskalbsand. Tausende zieht es an den warmen Abenden in den Stadtpark und ans Elbufer in Övelgönne. Am Hafen eröffnet der erste Beach-Club fürs Jungvolk aus den City-Büros

Yonca Ende Mai. Im Juli kam Ilka, im August übernahm Michaela die Sonnen-Regie. Im Wetterbericht immer das gleiche Ritual: Die Experten versprachen ein paar Tage Sonne, dann hängten sie noch ein paar dran, und schließlich kam zum Glück immer noch kein neues Tief. Die Regentage waren diesmal so kurz wie sonst die schönen – das Wort »Zwischenhoch« wurde kaum ausgesprochen. »Hamburg heißer als Honolulu«, vermeldete das Abendblatt am 8. August. Damals kletterte das Thermometer auf 30,2 Grad – auf der Südseeinsel wurden 2,2 Grad weniger gemessen. Als heißester Tag galt einige Wochen lang der 20. Juli mit 33,7 Grad, bevor der 12. August dann den Rekord bescherte: 34,4 Grad ließen Hamburg schwelgen, aber auch ächzen. Im September endete der Sommer offiziell, aber die Sonne ging der Stadt noch immer nicht verloren. Es blieb in Hamburg durchschnittlich 3,4 Grad wärmer als im Juni anderer Jahre. Zum Schluss präsentierten einige Schlaumeier wieder die übliche unterkühlte Sommer-Bilanz. Da war zu erfahren, dass Kinos und Sonnenstudios Defizite, Eisdielen und Schwimmbäder dagegen

»Heißer als Honolulu«

Beach-Club-Feeling an der Elbe – wozu noch in den Club Med reisen?

satte Gewinne zu vermelden hatten. Auf sensationelle 18,8 Grad Durchschnittstemperatur war dieser Super-Sonnen-Sommer gekommen – der heißeste seit Beginn der Wetteraufzeichnung. Aber im Grunde interessierten sich die Hamburger im Rückblick nicht für die Statistik, sondern viel mehr für ihre persönlichen Erinnerungen an die Zeit von Juni bis September. An Nächte auf dem Balkon, an barfüßige Radtouren, Flirts am Badesee, eiskalte

Zwei Freunde vergnügen sich mit ihrem Baumarkt-Grill abends an der Alster Höhe Schwanenwik

Schwimmbadduschen und jede Menge erfrischendes Eis. Natürlich gab es auch einige, denen die Dauerhitze ziemlich zusetzte, aber selbst viele alte Menschen hat der Sommer mit seinem südländischen Charme dann letztlich doch noch eingewickelt. »Tschüs Sommer und danke« – diesen wehmütigen Satz haben 2003 viele gedacht und auch leise gesagt. Als es ab Oktober zum Segen von Büschen und Bäumen dann wieder regelmäßig zu regnen begann, zehrten die Hamburger noch lange von ihrem Südsee-Sommer. Und den Winter macht die Hoffnung erträglicher, dass es im nächsten Jahr ja vielleicht wieder so schön werden wird.

mit Schlammschlacht:

Das Rathaus

Dienstag, 19. August 2003: der Tag des historischen Eklats im Hamburger Rathaus. Bürgermeister Ole von Beust entlässt Innensenator Ronald Schill und dessen Staatsrat Walter Wellinghausen. Um 11 Uhr informiert Beust mit einer schriftlichen Erklärung die Presse und verlässt den Raum, ohne Schill auch nur eines Blickes gewürdigt zu haben. Dieser behauptet anschließend vor laufenden Kameras, dass Beust ein »Liebesverhältnis« mit Justizsenator Roger Kusch habe – Beweise dafür hat er keine.

Sven Kummereincke Rathaus, Nebeneingang. Es ist kurz vor 10 Uhr an diesem Dienstag, dem 19. August, als Ronald Schill das politische Machtzentrum verlässt und eilig zu seinem Wagen schreitet. Als er die beiden Fotografen sieht, die auf ihn zukommen, huscht kurz ein reflexhaftes Lächeln über sein Gesicht, dann kehrt die Leere in seinem Ausdruck zurück. Was die Reporter nicht ahnen:

Ronald Schill ist soeben als Innensenator entlassen worden. Wenige Minuten zuvor war es im Amtszimmer des Ersten Bürgermeisters Ole von Beust zum Eklat gekommen. Und dem Versuch der politischen Erpressung sollte eine Schlammschlacht folgen, wie sie die Republik noch nicht erlebt hatte. Eine Stunde später im Raum 151 des Rat-

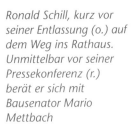

Ronald Schill, kurz vor seiner Entlassung (o.) auf dem Weg ins Rathaus. Unmittelbar vor seiner Pressekonferenz (r.) berät er sich mit Bausenator Mario Mettbach

hauses: Schill, der sich nach kurzer Bedenkzeit wieder zurück ins Rathaus hatte fahren lassen, sitzt bereits am Tisch, als von Beust um Punkt 11 Uhr zu der eilig einberufenen Pressekonferenz kommt. Ohne seinen ehemaligen Duzfreund auch nur einmal anzusehen, nimmt er Platz und verliest – sichtlich erregt – eine Erklärung. Den erstaunten Journalisten erklärt der Bürgermeister, dass er soeben sowohl Staatsrat Wellinghausen als auch Innensenator Schill entlassen habe. »In einem Vier-Augen-Gespräch heute Morgen um 9.40 Uhr

in meinem Büro, um das Herr Schill mich gebeten hatte, drohte er mir für den Fall der Entlassung des Staatsrats Wellinghausen, öffentlich publik zu machen, dass ich meinen angeblichen Lebenspartner, Justizsenator Dr. Kusch, zum Senator gemacht habe und damit Politisches und Privates verquickt habe.« Diese Behauptung sei falsch und ungeheuerlich. Er kenne Kusch seit 25 Jahren, sie seien gute Freunde, hätten aber nie ein intimes Verhältnis gehabt.

Dann verlässt der Bürgermeister den Saal. Schill, in sich gekehrt, schweigt drei Minuten lang. Neben ihm sitzt Bausenator Mario Mettbach. Schließlich spricht Schill zu den Journalisten. Er habe von Beust nicht erpressen wollen und nie gedroht, dessen Homosexualität publik zu machen. Und dann stellt er öffentlich die Behauptung auf, von der er später kleinlaut einräumen muss, dass er sie nicht belegen kann: »Von Beust und Kusch hatten und haben ein homosexuelles Verhältnis.« Der Bürgermeister messe daher mit

Justizsenator Roger Kusch geht nach dem Eklat in die Offensive. Er habe niemals ein Verhältnis mit Ole von Beust gehabt, der Vorwurf der Ämterpatronage sei absurd

Ronald Schill, nunmehr einfacher Abgeordneter, auf dem Weg in die Bürgerschaft. Bei der Abstimmung über Neuwahlen enthält er sich der Stimme

zweierlei Maß, wenn er Walter Wellinghausen entlasse. Wie er zu der Behauptung komme, Beust habe ein Verhältnis mit Kusch, wollen Journalisten wissen. »Das ist mir von mehreren Zeugen berichtet worden«, sagt Schill. Die, so führt er nunmehr aus, hätten in Kuschs Wohnung Geräusche gehört, die »auf Liebesakte« schließen ließen. Der historische Skandal ist da. Dabei ging es doch eigentlich nur um die politische Zukunft eines Staatsrats: um Walter Wellinghausen. Den Mann, von dem nach dem Skandal kaum jemand mehr spricht. Doch an ihm, dem umtriebigen Staatsrat der Innenbehörde und engsten Vertrauten Ronald Schills, hatte sich alles entzündet. Seine Affären um illegale Nebeneinkünfte hatten wochenlang die Schlagzeilen geprägt. Und zu dem Eklat konnte es

Mario Mettbach steigt nach Schills Entlassung zum neuen »starken Mann« der Partei auf und wird als Zweiter Bürgermeister der wichtigste Partner für den Bürgermeister

nur kommen, weil Schill sein eigenes politisches Schicksal mit dem seines Staatsrats verknüpft hatte.

Wellinghausen war nicht irgendein Staatsrat. Statt wie seine Amtskollegen im Hintergrund zu wirken, suchte er von Beginn an die Öffentlichkeit. Ob Verhandlungen mit den Bambule-Bewohnern, Sicherung des Hafens vor Terroranschlägen oder Hochwasserschutz während der Jahrhundertflut – Wellinghausen stand stets im Mittelpunkt. Der Mann war ein Arbeitstier. Und Schill, der spätes Kommen gern mit frühem Gehen verband, ließ ihn gewähren. Das Vertrauen war grenzenlos. »Wenn mir mal etwas zustößt, wäre er der ideale Nachfolger«, hat Schill einmal gesagt.

Der ideale Nachfolger

Rasch wurde Wellinghausen der »heimliche Innensenator«. Die CDU betrachtete das mit Wohlwollen. Für sie war Wellinghausen der Aufpasser in der Innenbehörde: Er sorgte dafür, dass der Apparat reibungslos funktionierte und dass Schill nicht allzu viel Unfug trieb. Wellinghausen war der weitaus wichtigste Staatsrat im ganzen Senat. Und er wusste das. Deswegen konnte er sich noch im Amt halten, als wohl jeder andere längst entlassen worden wäre. Die Affäre zog sich über den ganzen

Sommer hin. Und obwohl die Faktenlage immer erdrückender wurde, stand Schill in uneingeschränkter Solidarität zu ihm.

Worum ging es? Da war zunächst ein Hamburger Radiologe, den Wellinghausen vor seiner Staatsratszeit als Anwalt vertreten hatte. Doch noch bis zum Juni 2003 bekam er monatlich Geld von dem Arzt: 4600 Euro. Ein illegaler Nebenjob? »Nein«, so Wellinghausen. Es handele sich um Honorare für frühere Tätigkeiten. Just nach der Veröffentlichung

Zahlungen - nur ein Zufall?

im Abendblatt wurden die Zahlungen indes gestoppt. Der Zeitpunkt sei so vereinbart gewesen, ein Zufall also, betonte der Staatsrat. Dann wurde bekannt, dass Wellinghausen nebenbei auch noch Vorstand der Münchner Isar Klinik II AG war – obwohl ihm als Staatsrat solche Nebentätigkeiten verboten sind. Wellinghausen sagte, es sei lediglich vergessen worden, ihn aus dem Handelsregister auszutragen. Er sei nicht für das Unternehmen tätig geworden, er habe auch kein Geld erhalten. Doch das war nicht alles: Am 21. Juli druckte das Abendblatt einen Aktenvermerk, in dem sich Wellinghausen dafür einsetzt, dass ein mehrfach straffällig gewordener

Walter Wellinghausen hatte Schill 2001 verteidigt, als dieser – noch Amtsrichter – wegen Rechtsbeugung angeklagt war. Kurz darauf machte Schill ihn zu seinem Staatsrat in der Innenbehörde

Da war die Welt des Roland Schill noch in Ordnung: Präsentation der blauen Polizeiuniformen mit Designer Colani und Staatsrat Wellinghausen

Polizei-Obermeister nicht aus dem Dienst entlassen wird. Das Pikante: Er war früher Anwalt des Polizisten und hat ihn in mehreren Disziplinarverfahren vertreten.

Wellinghausen war trotz all der Vorwürfe in den Urlaub nach Montana geflogen. Und immer neue Details wurden bekannt. Das Abendblatt enthüllte, dass der Staatsrat entgegen seiner Aussage doch Geld von der Isar Klinik II AG erhalten hatte.

Schill erklärte all dies zum »Sommertheater«. Und er begann, wie ein Löwe für Wellinghausen zu kämpfen. Doch die Krise weitete sich aus. Während von Beust mittlerweile ebenfalls seinen Urlaub angetreten hatte, drohte Schill in einem internen Gespräch mit den Innenexperten von CDU, Schill-Partei und FDP mit dem Bruch der Koalition, falls Wellinghausen entlassen werde. Die Sache wurde zur Hängepartie: Bürgermeister Ole von Beust und Wellinghausen waren im Urlaub, so dass alle auf den 10. August warteten, den Tag, an dem der Innenausschuss auf Antrag von SPD und GAL zur Sondersitzung zusammentreten wollte.

Mit Bruch der Koalition gedroht

Vor dem Innenausschuss ging Wellinghausen dann in die Offensive: Während der neunstündigen Sitzung – der längsten aller Zeiten – räumte er die Zahlungen von der Isar Klinik II AG ein und gab weitere zu. Er hatte sie »vergessen«, wie er gestand. Wellinghausen kündigte an, sämtliche Unterlagen der Senatskanzlei zur Verfügung zu stellen und seine Unschuld zu belegen. Schill – und mit ihm Politiker der gesamten Koalition – jubelte: Alle Vorwürfe hätten sich als haltlos erwiesen.

Doch von einem Ende der Krise konnte keine Rede sein: Neue Enthüllungen belegten, dass Wellinghausen, als er schon längst Staatsrat war, weiter für die Isar Klinik II AG gearbeitet hat. Er hatte zu Sitzungen eingeladen, Investoren geworben und Verträge unterzeichnet. Nun rückten auch einige CDU- und FDP-Politiker vorsichtig von Wellinghausen ab. Alle warteten gespannt auf den 18. August, den Tag, an dem der Bürgermeister an seinen Schreibtisch zurückkehrte. Wellinghausen war »Chefsache«.

Und Ole von Beust handelte schnell. Schon am Morgen dieses Montags kam er zu der Überzeugung, dass Wellinghausen nicht mehr gehalten werden könnte. Doch Schill kämpfte weiter für seinen Staatsrat. Von Beust schwankte. Hektisch beriet er sich mit seinen Vertrauten, sprach mit den Fraktionschefs, war hin- und hergerissen. Reicht es, ein Disziplinarverfahren gegen Wellinghausen einzuleiten? Bausenator Mario Mettbach, der zweite Mann in der Schill-Partei, wurde zum Emissär. Mehrfach pendelte er zwischen Rathaus und Innenbehörde – direkt sprachen Schill und von Beust nicht miteinander.

Dann überschlugen sich die Ereignisse

Dann überschlugen sich die Ereignisse. Höchst verärgert las der Bürgermeister eine Meldung der Deutschen Presse-Agentur, dass Schill erneut mit Koalitionsbruch gedroht habe. Am Abend fiel dann die Entscheidung: Wellinghausen muss entlassen werden. Von Beust bestellte Schill und seinen Staatsrat für den nächsten Morgen ins Rathaus. Und dort verspielte Ronald Schill, der allein zu dem Gespräch erschienen war, um 9.40 Uhr seine politische Zukunft. Nach der Pressekonferenz, bei der Schill sich um seine Reputation redete, ging dann alles sehr schnell. Erstaunlich schnell. Schon kurz nach 13 Uhr beschloss die 25-köpfige Schill-Fraktion einstimmig, die Koalition fortzusetzen. Ohne den Parteigründer Ronald Schill,

Krisensitzung der Schill-Fraktion kurz nach Schills Entlassung: Die Führungsspitze mit Bausenator Mario Mettbach, Fraktions-Vize Dirk Nockemann, Umweltsenator Peter Rehaag und Fraktionschef Norbert Frühauf (v. l.) will die Koalition fortsetzen

der den ganzen Tag über Interviews gab, seine unbelegbaren Behauptungen verbreitete und sich so immer tiefer ins Abseits stellte. Es war auch der Tag des Mario Mettbach, der sofort in die Rolle des neuen starken Mannes schlüpfte. Binnen kürzester Zeit hatte er die Fraktion auf seiner Seite. Bereits um 15 Uhr trat der Koalitionsausschuss zusammen und stellte die Weichen für die Zukunft. Die Parteivorsitzenden und Fraktionschefs von CDU, FDP und Schill-Partei einigten sich nach nur eineinhalbstündiger Sitzung auf die Fortsetzung der Koalition.

Auch die offenen Personalfragen wurden rasch geklärt. Mettbach sollte Schill als Zweiten Bürgermeister ersetzen. Und nur einen Tag später nominierten die Schillianer Dirk Nockemann als neuen Innensenator. Ausgerechnet Nockemann, der zwei Jahre lang Büroleiter Schills war. Der Jurist war Wochen zuvor in Ungnade gefallen – er hatte die Affäre Wellinghausen im Gegensatz zu seinem Chef von Beginn an ernst genommen.

Die Opposition konnte in dieser Situation nur wenig mehr tun, als zuzuschauen und Neuwahlen zu fordern. Ihr fehlte ein Hebel, um der schlingernden Koalition beizukommen, die sich in ihrer größten Krise als erstaunlich stabil erwiesen hat.

Der Senat habe keine Legitimation mehr, Neuwahlen seien der sauberste Weg aus der Krise, hieß es bei SPD und GAL. »Nur so kann ausgeschlossen werden, dass Schill weiter sein Unwesen treiben kann«, sagte Oppositionsführer Walter Zuckerer (SPD). Auch Kanzler Gerhard Schröder sprach sich öffentlich für Neuwahlen in Hamburg aus. Doch der Mitte-rechts-Senat setzte seinen Weg unbeirrt fort. Bei den Hamburgern ergab sich kein klares Stimmungsbild: Laut Umfragen hielten sich Befürworter und Gegner von Neuwahlen die Waage.

Oppositionsführer Walter Zuckerer sind die Hände gebunden. Vehement fordert er Neuwahlen, doch CDU, Schill-Partei und FDP setzen die Koalition fort

In der Bewertung von Beusts war das Bild eindeutiger. Der Rathaus-Eklat habe ihm genutzt, meinten fast 80 Prozent. Ole von Beust war der Mann der Stunde. Seine ohnehin große Popularität wuchs noch weiter. Von allen Seiten wurde ihm Respekt für die Entscheidung gezollt, Schill entlassen zu haben. Und es fand sich niemand, der sich an seiner Homosexualität gestört hätte. Die Zeiten, in denen derlei Enthüllungen skandalträchtig gewesen wären, die waren vorbei. Das wurde auch bei seinem ersten öffentlichen Auftritt nach dem Eklat deutlich, als von Beust das Rahlstedt-Center besuchte: Die Hamburger feierten ihren Bürgermeister.

Die Koalition war allerdings noch lange nicht über den Berg. Denn am 3. September musste die Bürgerschaft in geheimer Abstimmung über die Ernennung Nockemanns abstimmen. Und allen war klar: Gibt es keine Mehrheit für Nockemann, dann ist die Koalition beendet, und es gibt Neuwahlen

Zwei Studienfreunde im Senat: Justizsenator Roger Kusch und Bürgermeister Ole von Beust verbindet eine langjährige Freundschaft

Dr. Fryba | Fscher | von Beust | Schnieber-Jastram | Dr. Peiner | Prof. Dr. Salchow

Die CDU hätte einen neuerlichen Urnengang durchaus nicht zu scheuen brauchen. In den Umfragen schoss die Partei auf 40 Prozent. Doch die Partner wackelten. Schill-Partei und FDP wären nicht sicher über die Fünf-Prozent-Hürde gekommen – und so entschloss sich die CDU, das Stimmungshoch nicht auszunutzen. Zu groß war die Angst, nach den Wahlen ohne Partner dazustehen, so dass es eine Neuauflage der rot-grünen Regierung gegeben hätte. Und Träume von einer absoluten CDU-Mehrheit erschienen gar zu vermessen.

Wie aber würde sich Ronald Schill verhalten, der nunmehr einfacher Abgeordneter war? Will er den Senat stürzen? Schill äußerte sich widersprüchlich. Mal sah er sich als Opfer eines Komplotts und verglich sich mit Cäsar (wobei in seinem Stück Nockemann den Brutus gegeben haben soll); mal kündigte er seinen Ausstieg aus der Politik an, weil die ja »ein schmutziges Geschäft« sei.

Die entscheidende Bürgerschaftssitzung am 3. September nutzte er dann für seinen großen Auftritt. Er kam als letzter der 121 Abgeordneten und genoss seinen Einmarsch mitten im großen Pulk von Kamerateams und Fotografen, die ihn auf Schritt und Tritt begleiteten. Von Beust vernahm auf der Senatsbank mit Grausen, wie Schill Hof hielt. Doch den Senat zu stürzen, vermochte er nicht. Ernsthaft versucht hat er es wohl auch nicht. Die Koalition überstand die Ab-

Mit stehenden Ovationen wird Ole von Beust von seiner Partei bei der Mitgliederversammlung kurz nach dem Eklat um Ronald Schill gefeiert

Der neue Innensenator und Hoffnungsträger der Partei: Dirk Nockemann

Die Krise ist überstanden. Roger Kusch und Ole von Beust freuen sich ausgiebig, nachdem die Bürgerschaft den Antrag auf Neuwahlen abgelehnt hat

Ein skandalgeschwängerter Sommer

stimmung schließlich, wenn auch nur knapp. Nockemann erhielt 60 Ja-Stimmen, je zwei Abgeordnete der Koalition enthielten sich beziehungsweise machten ihre Stimme ungültig. Die 57 Oppositionsabgeordneten stimmten geschlossen mit Nein. »Mehrheit ist Mehrheit«, sagte von Beust im Anschluss. Die Krise war gemeistert. Doch es gab Beeinträchtigungen in der Regierungsarbeit. Der Bürgermeister hatte erfahren müssen, dass nur 60 der 64 Koalitionsabgeordneten voll hinter dem Senat stehen. Von nun an musste er jede geheime Abstimmung fürchten. Und so verzichtete von Beust auf die längst geplante Senatsumbildung – Senatoren müssen in geheimer Abstimmung gewählt werden.

Letztlich erlebten die Hamburger in diesem skandalgeschwängerten Sommer 2003 ein politisches Lehrstück. Da ist zunächst die Affäre Wellinghausen. Es ging zwar um Geld und Geschäfte, die er nebenbei tätigte. Gescheitert ist er aber schließlich nicht deswegen, sondern wegen seiner Verstrickung in Widersprüche und Lügen während der Affäre. Vor allem aber ist da die Geschichte des politischen Emporkömmlings und Senkrechtstarters Ronald Schill. Er ist ein Populist, der in den Kategorien schwarz und weiß denkt und handelt. Ein Egozentriker, der den großen Auftritt liebt und nach gesellschaftlicher Anerkennung lechzt. Einer, der erkannt hat, dass sich mit dem Thema Innere Sicherheit in Hamburg Karriere machen ließ, der aber auch als Senator lieber den Provokateur gab als den Sachwalter seiner Politik. Schill wähnte sich unangreifbar, bis nicht nur Ole von Beust, sondern auch seine eigene, von ihm gegründete Partei ihn eines Besseren belehrte.

»Die Friedhöfe sind voll von Menschen, die sich für unersetzbar hielten.« Mario Mettbach sagte dies wenige Tage nach dem Eklat. Mettbach, der daneben gesessen hatte, statt einzugreifen, als Schill bei der legendären Pressekonferenz seine Schmutztiraden über von Beust ergoss. Mettbach, der Bausenator und nunmehr Zweite Bürgermeister, der dafür gesorgt hat, dass es weitergeht mit der Koalition. Mettbach, der

Das Spiel mit der Macht

zwei gescheiterte politische Karrieren hinter sich hatte: erst in der CDU, dann in der Statt-Partei. Ein drittes Mal wollte er nicht erleben. Vor die Wahl gestellt, mit Schill, dem er sein Amt und seine Macht zu verdanken hat, unterzugehen oder aber ohne Schill weiterzumachen, zögerte er keinen Moment. Genauso wenig wie die ganze Partei es tat. Politik ist ein Spiel mit der und um die Macht – Ronald Schill hat seines verloren.

Das große Aufatmen in den Reihen der CDU-Fraktion: Soeben ist das Abstimmungsergebnis über den Neuwahlantrag verkündet worden

Theaterdonner

Sparzwang und Vision:
Die Kultur

Erst riss Ronald Schill
die Hamburger Kultur
aus ihrem Alltag: »Lasst
uns das Schauspielhaus
schließen!«, forderte er so
unsinnig wie vergebens.
Dann war es der Entwurf
für eine neue Philhar-
monie in der HafenCity:
Auf den Kaispeicher A
gesetzt, könnte sie an
prominenter Stelle einen
unverwechselbaren
Akzent im Stadtbild
Hamburgs setzen – vom
Zugewinn für das
Hamburger Musikleben
ganz zu schweigen. Eine
kühne Vision in einem
Jahr, das sonst weitge-
hend vom leidigen
Gerangel ums knappe
Geld geprägt wurde.

Hans-Juergen Fink Wenn in Hamburg über Kultur diskutiert wird, ist das immer für Überraschungen gut – für positive wie negative. Der Tiefpunkt für das Jahr 2003 war indes leicht festzumachen: »Lasst uns das Schauspielhaus dichtmachen!«, forderte der später wegen fehlenden Feingefühls auch in anderen Bereichen entlassene Innensenator Ronald Schill bei einer Finanzklausur des Senats im Juni. Er frage sich, wie es zu rechtfertigen sei, das »ohnehin leere Schauspielhaus« jedes Jahr mit mehr als 18 Millionen Euro zu subventionieren, obwohl der weitaus größte Teil der Hamburger

Zankapfel Nr. 1: Das Schauspielhaus, das sich mit einem eher experimentellen Programm ins Abseits gespielt hat

dieses Theater nie betrete. Man solle mit dem Geld den Haushalt sanieren, denn nach der Kürzung ihres Weihnachtsgeldes könnten manche Beamte mit ihren Kindern nicht mal mehr ins Weihnachtsmärchen gehen. »Anfeindungen eines enthemmten Innensenators«, schoss Schauspielhaus-Intendant Tom Stromberg zurück. Und: Die Achtung vor der Kunst gehe in Hamburg Stück für Stück verloren.

»Um diese Stadt muss man sich Sorgen machen«, sagte der Chef der größten deutschen Sprechbühne. Zum Glück ist das Deutsche Schauspielhaus aus dieser Sommertheater-Debatte letztlich unbehelligt hervorgegangen. Seinen aufmüpfigen, experimentierfreudigen, beim Publikum jedoch unverstandenen und entschieden glücklosen Intendanten aber kostete das »leere Haus« kurz darauf die Vertragsverlängerung über 2005 hinaus – doch davon später.

Ein Team, in dem es häufig knistert: Kulturstaatsrat Gert-Hinnerk Behlmer und Senatorin Dana Horáková (Mitte)

Getroffen hat der Sparzwang dann vor allem die 14 Geschichtswerkstätten, die in den Hamburger Stadtteilen die lokale Geschichte erforschen und bewahren. Für sie gibt es künftig nur noch erheblich gekürzte Mittel, sodass viele von ihnen schließen werden müssen. Eine Entscheidung von Kultursenatorin Dana Horáková, die ihr viel Kritik und dem Senat ausgerechnet im runden Jahr des Gedenkens an die Hamburger Feuersturm-Bombennächte vor 60 Jahren eine anhaltende Diskussion über mangelndes Geschichtsbewusstsein eingetragen hat.

Zwischen unfroh und schadenfroh schwankte zuvor die Reaktion in Hamburgs Kulturszene, als Ende April bekannt wurde, dass sich Hamburg nicht mehr darum bewerben will, im fernen Jahr 2010 Kulturhauptstadt Europas zu werden. Begründet wurde das trocken verkündete Aus mit den notwendigen Bewerbungskosten von 40 Millionen Euro bei leeren Kassen und mit unübersehbarer Konkurrenz. Das sah nach der unglücklich verlaufenen Olympia-2012-Entscheidung zwar klug und ehrlich aus. Kritiker bemängelten indes, dass sich Hamburgs Senat hier nur zurückziehe, weil man mit der unsicheren Kulturhauptstadt-Bewerbung keine weitere Pleite bei einem Großprojekt kurz vor den Hamburg-Wahlen 2005 riskieren wolle. »Kleingeisterei, verpasste Chance«, nörgelte die Opposition.

Vielleicht resultieren aus solchen Entscheidungen und Kontroversen einige der Minuspunkte im öffentlichen Ansehen, die der Kul-

Gekürzt werden im Kulturetat vor allem Mittel für die 14 Geschichtswerkstätten (oben, Mitte). Nach Neuem umsehen muss sich auch Schauspielhaus-Intendant Tom Stromberg (unten). Sein Vertrag wird 2005 nicht verlängert

tursenatorin das Leben schwer machen. Die frühere Journalistin wurde nach ihrer späten Ernennung von einer Welle des Misstrauens empfangen. Auch verstanden viele Kulturleute an der Basis ihren Satz »Damit Neues eine Chance hat, muss Altes sterben«, gefallen im März in einer Bürgerschaftssitzung, als Kampfansage. Es gibt aber auch andere Spielfelder, auf denen ihr und dem Ansehen der Kultur in Hamburg einige Schläge unter die Gürtellinie verpasst wurden. Auch wenn dafür nicht die aktuelle Amtsinhaberin verantwortlich zeichnete, sondern ihre direkte Vorgängerin, die jetzt in Berlin für den Kanzler als Kulturstaatsministerin von ganz Deutschland den Kontakt zum kulturellen Milieu pflegt. Schließlich war es Kultursenatorin Christina Weiss, die mit Tom Stromberg den Intendanten fürs Schauspielhaus engagierte, dessen Programm zwar ein engagiertes und junges Stammpublikum ins große Haus an der Kirchenallee lockte – aber eben ein so überschaubares, dass auch am Anfang der Spielzeit 2003/2004 in vielen Vorstellungen freie Wahl der besten Plätze angesagt war.

Ebenfalls ein geerbtes Problem entstand durch die Umwandlung der sieben ehemals staatlichen Museen in selbstständig wirtschaftende, aber staatlich bezuschusste Stiftungen zum Jahresbeginn 1999 – eigentlich ein richtiger Schritt. Deren absehbare

strukturelle Unterfinanzierung vom Start weg macht das Thema aber noch auf längere Sicht zum Dauerbrenner – das Damoklesschwert »Museumsschließung« hängt über jeder Haushaltsberatung. Etwas Luft schafft allerdings die kurzfristige Verschiebung eines zusätzlichen Bauvorhabens des Museums der Arbeit und die Umwidmung der dafür nötigen 2,5 Millionen Euro zur teilweisen Entschuldung der Museen – davon bekommt mehr, wer selbst mehr spart.

Auch für fehlende Konzepte der Vorgängerin musste die Nachfolgerin Schelte einstecken: So wie es für die Kulturhauptstadt-Bewerbung keine packende Vision aus der Kulturbehörde gab, so gibt es auch keine für die HafenCity, Hamburgs von langer Hand geplantes Großbauprojekt, in dem das Herzstück der »Wachsenden Stadt« entsteht. Das große Modell mit den vielen Büroklötzchen existiert schon lange, doch erst jetzt wird leidenschaftlich darüber diskutiert, ob ein »Kulturbaustein«, so das unglückliche Wort, dort ausreicht. Geplant haben Kaufleute und Bürokraten; was ein solcher neuer Stadtteil an kulturellen Attraktionen, an Alltags- und Lebenskultur braucht, darüber beginnen endlich die Debatten.

Ungewöhnliche Initiative zur Kulturförderung: Ein Fesselballon (nachts beleuchtet) könnte schon 2004 zwischen alter und neuer Kunsthalle abheben – das Sightseeing für die Touristen bringt dann Einnahmen für die Kunst

KULTUR   63

Zwei mehr als 100 Meter hohe Kräne, Riesen-Schwimmtiere und ein stilisierter Schnurrbart – das war Jeff Koons' Entwurf für den Spielbudenplatz. Er scheiterte an der Ablehnung der Hamburger

Neben den Versäumnissen der Vergangenheit drücken auch aktuelle Querelen auf die Stimmung. Mag sein, dass ein Teil der Kulturschaffenden den demokratischen Wechsel im Rathaus noch nicht ganz verdaut hat, mag sein, dass der Dialog zwischen Behördenspitze und Kulturszene noch nicht recht wieder in Gang gekommen ist. Beanstandet wird jedenfalls vielerorts eine rigide Klimaveränderung in Sachen Kultur. Ein Bild, das gern aus kleinen Mosaiksteinchen zusammengesetzt wird: aus dem knirschenden Umsteuern einer Behörde, die in langen SPD-Jahren vergessen hatte, dass es bei manchen Themen mehr Meinungen geben kann als die eigene. Aus der Sprachlosigkeit der freigeistigen Kulturleute angesichts einer Rathauspolitik, zu der bis in den August auch ein Innensenator Schill gerechnet werden musste. Aus der Ablehnung einer Senatorin, mit der man jedoch selbst kaum das Gespräch suchte. Aus Alleingängen fachfremder Behörden – wie bei

der umstrittenen und letztlich gescheiterten Initiative von Bausenator Mario Mettbach für die Koons-Kräne am Spielbudenplatz.
Dazu kamen wachsender Spardruck und die kritische Überprüfung
bisher als selbstverständlich betrachteter Zuwendungen, deren Ver-
weigerung in der Tat viele Künstler vor Existenzfragen stellt. Und
dann noch Querelen aus der Behörde, die das Verhältnis zwischen
Senatorin Horáková und ihrem in der Kulturszene gut vernetzten
und geachteten Staatsrat Gert-Hinnerk Behlmer belasteten, der
schon unter der Vorgängerin im Amt war. Schnell
setzte sich auch das Wort von der »Glamour-Kultur« **Es knirscht im Gebälk**
fest, die Hamburg künftig Glanz verleihen solle.
Mag sein, dass auch die stiefmütterliche Behandlung der Kultur
(nur wenige Zeilen im viel zitierten Zukunftskonzept »Wachsende
Stadt« mit einem Akzent auf den Musicals) ein schiefes Bild vom
Kulturwillen des Senats zeichneten. Zu allem Überfluss kamen

Das Zelttheater »Fliegende Bauten« an der Glacischaussee musste Insolvenz anmelden – dank einer mutigen Investorin können seine Chefs inzwischen aber weitermachen

noch kleinere Katastrophen dazu, die außerhalb der Zuständigkeit der Kulturbehörde standen, die aber das mentale Klima ins Trübe drückten.

Das Zelttheater der »Fliegenden Bauten« meldete bald nach dem Umzug an die Glacischaussee Insolvenz an; es bot viele Glanzpunkte, verstörte aber zunehmend die Zuschauer durch exotische Programme. Eine Investorin von der Insel Sylt ermöglicht dem Theater

Thomas Collien, Ulrich Tukur, Ulrich Waller – die drei vom St. Pauli-Theater

das Weitermachen. Mit viel Pomp inszenierte Ulrich Waller seinen Abschied von den traditionsreichen Hamburger Kammerspielen zum nicht weniger traditionsreichen St. Pauli-Theater am Spielbudenplatz als Ende einer glanzvollen Ära. Auf St. Pauli ging Waller Ende Oktober mit einer »historischen Peepshow« unter dem Titel »Auf der Reeperbahn nachts um halb eins« an den Start, der dann ein ambitioniertes Programm mit vielen festen Größen seiner Kammerspiele-Zeit folgen soll. Auch wenn der neue Dreifach-Intendant Axel Schneider (ebenfalls zuständig fürs Altonaer und Harburger Theater)

Aus für die »Titanic« – in der Neuen Flora werden jetzt Vampire gejagt

seine Amtszeit mit kleinen Ausrutschern begann: Die Welt ist an der Hartungstraße nicht untergegangen.

Das tat dann die »Titanic« – im Dezember glanzvoll zur Jungfernfahrt in der Neuen Flora gestartet, erfüllte das eher düstere und hitarme Musical nach dem Hype um den »Titanic«-Film nicht mehr die Erwartungen von Publikum und Stage Holding – im Oktober sank der Musical-Dampfer zum letzten Mal bühnenwirksam; bald bittet eine neue Produktion dort zum »Tanz der Vampire«.

War deswegen aber Hamburgs Kultur im Jahr 2003 eine einzige Ansammlung von Ausrutschern, Fehlstarts, Pleiten und Missstimmungen? Keineswegs. Die ungeliebte Senatorin verstand es immer besser, sich abseits vom grellen Scheinwerferlicht auf die Lösung drängender Personalfragen und Probleme zu konzentrieren, und sammelte Pluspunkte, für die ihr dann auch ihre Kritiker respektvolles Schweigen zollten. Thalia-Theater-Erfolgsintendant Ulrich Khuon wurde mit kleinen Etat-Nachbesserungen zum Bleiben in der Hansestadt bewegt. In den Deichtorhallen treten künftig der Fotograf und Fotosammler F. C. Gundlach mit seinem »Haus der Fotografie« in der Südhalle und ab Januar dann auch der international renommierte Kurator, Ausstellungsmacher und Autor Robert Fleck in der Nordhalle mit einem Konzept für Kunst der Gegenwart über alle Disziplinen in die Fußstapfen von Zdenek Felix, der die Hallen zwölf Jahre lang als Stätte zeitgenössischer Kunst in Hamburg positioniert hatte. Vor der Sommerpause gab ein neu besetzter Aufsichtsrat des Schauspielhauses der Senatorin das Mandat, einen Nachfolger für

Die neue Spitze der Deichtorhallen: Prof. F. C. Gundlach (links) und Robert Fleck (rechts) mit der Kultursenatorin

den ungeliebten Intendanten Tom Stromberg zu suchen. Der war wegen deutlichen Besucherschwunds in die Kritik geraten. In seinem hoch experimentellen Programm überwogen die Flops, was in der Kulturszene zwar oft beredet, aber selten laut gesagt wurde. Nachdem der Wunschkandidat der Senatorin, Matthias Hartmann vom Bochumer Schauspielhaus, auf der Zielgeraden der Verhandlungen doch noch Zürich den Vorzug gegeben hatte, griff dann der ebenfalls hoch gelobte Friedrich Schirmer zu, der 2005 aus Stuttgart an die Elbe zieht, um dem Haus wieder die nötige Handbreit Wasser unter dem Kiel zu verschaffen.

Auch an der Staatsoper konnte eine Perspektive gefunden werden. Generalmusikdirektor Ingo Metzmacher, für sein mutiges Eintreten zu Gunsten der musikalischen Moderne von Publikum und Kritik

so sehr mit Lorbeeren bedacht wie von seinen Philharmonikern deswegen ungeliebt, zieht 2005 nach Amsterdam. Als Nachfolgerin wurde die Australierin Simone Young gewonnen, die gleichzeitig die Opern-Intendanz und -Geschäftsführung schultert. Deswegen muss der derzeitige Intendant Louwrens Langevoort auf die Verlängerung seines Vertrages verzichten.

Hoffnungsträger fürs Schauspielhaus: Friedrich Schirmer übernimmt es 2005

Im Rathaus unterzeichnete auch Simone Young ihren Kontrakt als neue Generalmusikdirektorin (hier mit Ole von Beust und Dana Horáková, rechts)

Schon seit Januar war Albert Wiederspiel als Leiter des Filmfests Hamburg im Amt, das im September in seine elfte Runde ging. Sein Ziel, mit wenig Geld viel Festival zu veranstalten, hat er erreicht. Er konnte eine glanzvolle Eröffnung präsentieren, mit Isabelle Huppert eine würdige Douglas-Sirk-Preisträgerin, mit Sophia Loren eine wahre Diva alter Schule, mit der Reihe »eurovisuell« den Blick über den deutschen Tellerrand auf Europas Kinohits.

Filmfest Hamburg: Den Abendblatt-Preis übergaben Abendblatt-Redakteur Hans-Juergen Fink (links) und Filmfest-Chef Albert Wiederspiel an Josef Fares (oben, Mitte) für »Kops«, der Douglas-Sirk-Preis ging an Isabelle Huppert (Mitte). Stargast war Sophia Loren (unten)

Glanz brachte auch das Thalia-Ensemble: Mit »Liebelei«, »zeit zu lieben zeit zu sterben« und »Nora« wurden gleich drei seiner Inszenierungen zum 40. Berliner Theatertreffen eingeladen. In den ersten beiden spielt Fritzi Haberlandt, die in Berlin als Nachwuchsschauspielerin den Alfred-Kerr-Preis bekam. Susanne Wolff wurde für ihre »Nora« mit dem 3sat-Preis für eine zukunftsweisende Leistung des deutschsprachigen Schauspiels ausgezeichnet. Und schließlich heimste es auch noch den Titel »Bestes Theater Deutschlands« der Zeitschrift »Theater heute« ein.

Die »Nora« des Thalia-Theater wurde in Berlin ausgezeichnet: Susanne Wolff

Die Ehre des Schauspielhauses, das in der Ära Baumbauer viermal mit dieser Auszeichnung bedacht worden war, rettete Intendanten-Gattin Wiebke Puls, die als Nachwuchsschauspielerin den Boy-Gobert-Preis der Körber-Stiftung bekam.

In der Museumslandschaft locken zwei neue Projekte, bei denen sich Kritiker allerdings fragen, wie sie in einer Zeit großer Finanznot realisiert werden können. »Spaten bei Fuß« steht Rainer-Maria Weiss, der neue Direktor des Helms-Museums in Harburg. Er hofft auf eine positive Machbarkeitsstudie für ein neues Archäologie-Zentrum am Domplatz mit einem Blick in die früheste Hamburger Geschichte und mit Platz für internationale Archäologie-Ausstellungen. Außerdem soll das Haus, das 2009 eröffnet werden könnte, die Zentralbibliothek und das Bürgerschaftsforum beherbergen.

Einen Schritt weiter sind die Planungen für das »Internationale Schifffahrts- und Meeresmuseum Peter Tamm«, das im Kaispeicher B am Zusammenfluss von Magdeburger- und Brooktorhafen entstehen soll. Die Stadt gab die Zusage, die Einrichtung des neuen Museums mit einer Zuwendung von 30 Millionen Euro zu unterstützen. Das Geld erhält die »Peter Tamm Sen. Stiftung«, in die die gesammelten maritimen Schätze des früheren Vorstandsvorsitzenden

Ebenfalls Thalia, ebenfalls geehrt: Fritzi Haberlandt bekam den Alfred-Kerr-Preis.

der Axel Springer AG eingebracht werden. Die Stiftung soll das Museum später ohne öffentliche Zuschüsse betreiben. Sie wird aber auch dann auf Sponsoren angewiesen sein. Die Stadt wird den von der städtischen GHS Gesellschaft für Hafen- und Standortentwicklung verwalteten Kaispeicher voraussichtlich für 99 Jahre in kostenloser Erbpacht der Tamm-Stiftung überlassen. Der Umbau wird von Anfang 2004 an etwa zwei Jahre dauern.

Ein weiterer Beitrag zu kulturellen Bereicherung der künftigen Hafen-City kam durch Investoren und das Basler Architektenteam Herzog & de Meuron ins Spiel: An Stelle eines schwer finanzierbaren Medienzentrums auf dem Spitzen-Standort des Kaispeichers A wollen sie eine Elb-Philharmonie errichten, deren

In einem neuen Museum im Kaispeicher B soll die Marinesammlung von Peter Tamm (links) präsentiert werden. Finanzsenator Wolfgang Peiner (rechts)

unverwechselbar kühn geschwungenes Dach ein städtebauliches Highlight setzen würde. Zwei topmoderne Konzertsäle, Luxusappartements, ein Hotel, Panoramarestaurants und Aussichtsterrassen schlagen sie vor. Der historische Speicher bliebe als Sockel und Parkhaus darunter erhalten – hier müsste die Stadt nur das Grundstück herausrücken; der Um- und Aufbau würde sie nichts mehr kosten. Die mutige Planung stieß nicht sofort auf ungeteilte Freude; allerdings wies inzwischen ein Gutachten darauf hin, dass das »Aquadome«-Konzept der Kultursenatorin (Konzertsaal auf Großaquarium als Kulturbaustein am Magdeburger Hafen) nur schwer zu realisieren sei. Hamburgs Bürgermeister, dem mit den Olympia-Visionen für 2012 im April unversehens die Lokomotive der Stadtentwicklung von Leipzig ausgespannt worden war, erkannte die Zeichen der Zeit und setzte auf die Idee, die auch von 13 führenden Architekten der Hansestadt

Vision auf dem Prüfstand

in einem ungewöhnlichen Appell begrüßt worden war. Er ordnete wohlwollende Prüfung an.

Die Mischung aus Freude und Sorge, die sich beim Nachdenken über Hamburgs Kultur vielfach findet, kennzeichnet auch die mysteriöse Heimkehr eines Entführungsopfers: des 1994 in der Frankfurter Schirn von dreisten Dieben gestohlenen Kunsthallen-Gemäldes »Nebelschwaden« von Caspar David Friedrich. Gerade 32,6 mal 42,4 Zentimeter groß, hat es einen Versicherungswert von 1,9 Millionen Euro. Ein dubioser Vermittler bot im Januar 2003 erste Verhandlungen über die Rückgabe an; im August dann konnte es Kunsthallen-Direktor Uwe Schneede wieder an seinem angestammten Platz in Hamburg vorführen. Lösegeld sei nicht gezahlt worden. Allerdings ist die nach dem Diebstahl ausgezahlte Versicherungssumme bereits weitgehend in den Ankauf neuer Werke investiert. Sie müsste jetzt zurückgezahlt werden – ein Problem, das der Kunsthalle einiges Kopfzerbrechen bereiten wird.

Heimkehr nach neun Jahren: Das Caspar-David-Friedrich-Bild »Nebelschwaden« hängt wieder in der Kunsthalle

mburg im Feuersturm:
Das Gedenken an die Zerstörung vor 60 Jahren

Die größte Tragödie in der Geschichte der Stadt war der alliierte Bombenangriff im Sommer 1943. 60 Jahre danach erinnerte sich Hamburg an das »Unternehmen Gomorrha«, bei dem die britische Luftwaffe zum ersten Mal einen Feuersturm entfachte. Überlebende berichteten von dem Schrecken, dessen Ursachen und Auswirkungen in Ausstellungen und Büchern dokumentiert wurde. Statt Leid gegenseitig aufzurechnen, gab es während der Gedenktage in Hamburg Begegnungen der einstigen Kriegsgegner und Gesten der Versöhnung.

Matthias Gretzschel Mit einem ökumenischen Gottesdienst in der Ruine der Nikolaikirche, einer Gedenkstunde im Rathaus, Ausstellungen, Veranstaltungen und Publikationen gedachte Hamburg im Sommer der schlimmsten Tage seiner Geschichte. Ende Juli/ Anfang August jährte sich das »Unternehmen Gomorrha« zum 60. Mal: Vom 25. Juli bis zum 3. August 1943 hatten britische und amerikanische Bomber in mehreren Angriffswellen einen Feuersturm entfacht, dem weite Teil der Stadt und mindestens 34 000 Menschen zum Opfer fielen.

Was Krieg tatsächlich bedeutet, nämlich Zerstörung, Tod und Verderben, wurde den Besuchern in vier Ausstellungen mit Fotos, Filmen, historischen Dokumenten, Bildern und Texten eindringlich vor Augen geführt: in den Deichtorhallen, in der Rathausdiele, in

der Hauptkirche St. Petri und im Feuerwehr-Informationszentrum. »Es waren die schrecklichsten Tage und Nächte, die unsere Stadt je sah«, sagte Hamburgs Bürgermeister Ole von Beust in der zentralen Gedenkstunde im Rathaus, an der auch viele Überlebende des Feuersturms teilnahmen. Für manche von ihnen war es das erste Mal seit Jahrzehnten, dass sie wieder die Kraft fanden, an jene schrecklichen Tage und Nächte vor 60 Jahren zurückzudenken.

Wenn die Sonne schien, empfanden die Menschen das nicht mehr als Glück. Spannte sich der weite norddeutsche Himmel wolkenfrei und in makellosem Blau über die Hansestadt, schauten die Hamburger sorgenvoll nach oben. Vor allem nachts, wenn die Sterne zu sehen waren und der Vollmond die verdunkelte Stadt in verräterisch helles Licht tauchte, hatten viele Menschen Angst und sehnten

Von einem Londoner Architekten im 19. Jahrhundert erbaut, war die Nikolaikirche der wichtigste Zielpunkt für die Bombenangriffe von 1943. In der Ruine, die heute als Mahnmal dient, fand eine Veranstaltung zum Gedenken an die Bombennächte statt

Bürgermeister Ole von Beust (Mitte) und Bürgerschaftspräsidentin Dorothee Stapelfeldt beim Rundgang durch die Gedenkausstellung in der Rathausdiele

sich nach dem Nieselregen, nach den tief hängenden Wolken, dem grauen Einerlei des Hamburger Schmuddelwetters, über das sie zu normalen Zeiten nie müde wurden sich zu beklagen. Aber die Zeiten waren längst nicht mehr normal im glutheißen Sommer des Jahres 1943.

In der Nacht vom 27. auf den 28. Juli nahmen etwa 700 britische Bomber Kurs auf die zweitgrößte Stadt des Deutschen Reiches. Auf ihren Stützpunkten gestartet, formierten sich die 30 Tonnen schweren, viermotorigen Lancaster zu einem »Bomberstrom« von mehr als 300 Kilometer Länge. Sie bildeten eine gewaltige Formation, die eigentlich vom deutschen Radar hätte geortet werden müssen. Aber diesmal blieben die Radarposten blind, die Horchstationen taub, unfähig, die deutschen Jäger zu alarmieren, die Flakmannschaften zu warnen, die Verteidigung zu organisieren.

Etwa 50 Kilometer von der deutschen Nordseeküste entfernt hatten die Mannschaften damit begonnen, 24,5 Zentimeter lange und zwei Zentimeter breite Streifen aus Metallfolie abzuwerfen. Insgesamt 90 Millionen dieser Stanniolstreifen regneten vom Himmel

Ein Lancaster-Bomber beim Angriff am Himmel über Hamburg, auf dem Leuchtmarkierungen, Flakfeuer und Scheinwerfer ein unheimliches Muster malen

Die Feuerwehr war machtlos gegen die entfesselten Flammen, die innerhalb von kürzester Frist ganze Wohnquartiere zerstörten

und ließen die deutschen Radargeräte verrückt spielen. Niemand bei der deutschen Luftabwehr konnte erkennen, wie viele Bomber unterwegs waren und welches Ziel sie sich suchen, über welche Stadt sie in dieser Nacht Tod und Verderben bringen würden. Die 80 Hamburger Flak- und 22 Scheinwerferstellungen wurden damit ebenso ausgeschaltet wie die Jäger der deutschen Luftwaffe, die sonst für die schwerfälligen Lancaster-Bomber eine ernste Bedrohung waren.

Diesmal hielt nichts die Bomber auf, deren Spitze gegen ein Uhr das Hamburger Stadtgebiet erreicht hatte. Was konnten die jungen Männer an Bord der Lancaster aus 4000 Meter Höhe von der Stadt sehen, die sie jetzt bombardieren sollten? Was wussten sie von Hamburg? Hatten sie von der Reeperbahn gehört, von St. Pauli, vom Hafen? Hatten sie überhaupt eine Vorstellung von dem, was sie in wenigen Minuten da unten bewirken, ausrichten, anrichten würden? Die meisten von ihnen wussten nichts, und sie sahen nichts. Wie immer vor ihrem Einsatz hatte man ihnen gesagt, sie würden militärische Ziele und Anlagen der Rüstungsindustrie bombardieren.

Was wussten sie von Hamburg?

Die britischen Piloten, die Bordingenieure, Navigatoren, Funker, MG- und Bombenschützen, die stundenlang in drangvoller Enge unterwegs waren, hatten vor allem Angst, Todesangst, denn sie mussten einen in jeder Hinsicht mörderischen Job erledigen. Es waren junge Männer, meist kaum älter als 20, die sich zu insgesamt 30 Einsätzen verpflichtet hatten; nur jeder Dritte von ihnen sollte das überleben.

Aber in dieser Julinacht über Hamburg erlitt die britische Bomberflotte kaum Verluste. Wenn die Piloten durch ihre Glaskanzeln nach unten sahen, konnten sie nicht viel von der Stadt erkennen, kaum

Manchmal gelang es den Überlebenden noch, wenigstens ein paar Habseligkeiten aus den Ruinen ihrer Häuser zu retten

Straßenzüge, keine Häuser, sondern nur viele Lichtpunkte, Leuchtmarkierungen in Rot, Grün und Gelb. Diese Orientierung gab ihnen ein Vorauskommando, die so genannten Pfadfinder-Flugzeuge, die, dirigiert von einem in 8000 Meter Höhe kreisenden Masterbomber, die Abwurfzone farbig absteckten. Für alle Großangriffe auf Hamburg von 1940 bis 1945 war die Nikolaikirche der Zielpunkt. Der mit 145 Metern nach dem Kölner Dom und dem Ulmer Münster dritthöchste Kirchturm Deutschlands, erbaut

Kaum vorstellbar, dass hier Stunden zuvor noch Häuser standen, in denen Menschen lebten. Am Morgen des 25. Juli 1943 waren von diesen Häusern am Valentinskamp nur noch rauchende Trümmer übrig

1846–74 ausgerechnet von einem Engländer, dem Londoner Architekten John Gilbert Scott, wies den englischen Pfadfindern den Weg. »Markierungsbomben zeichnen wie ein Leuchtstift eine Fläche ins Dunkle. Die Munitionsträger entladen in diese Fläche hinein. Sie ist der Umriss der Vernichtung. Was innerhalb ihrer Kontur sich befinden mag, ist für den Bomber ohne Belang. Er platziert einen Abwurf in einem Leuchtrahmen. Dieser ist anzubringen, wo das Stadtzentrum vermutet wird; das besorgen Markierer, die mit dem Bomber nichts zu tun haben, während den Bomber der Zuschnitt des Maßnahmegebiets nichts angeht«, schreibt der Historiker Jörg Friedrich in seinem viel diskutierten Buch »Der Brand« über die Technik der Zielmarkierung.

Für die Bomberbesatzungen blieb das Ziel abstrakt, sie bombten nicht auf Straßen, Häuser, Kirchen, nicht auf Menschen, schlafende Kinder, schreiende Frauen, sondern nur auf Farbflächen. Es war zwei Minuten nach ein Uhr, als die erste Bombe abgeworfen wurde. Wahrscheinlich traf sie einen Häuserblock an der Wendenstraße in Hammerbrook, genau weiß das niemand. Was in den folgenden drei Stunden geschah, blieb bis dahin ohne Beispiel, erinnert an Katastrophen biblischen Ausmaßes.

Ob es Arthur Harris, Churchills Luftkriegschef, persönlich war, der sich den Decknamen »Operation Gomorrha« hatte einfallen lassen? Im 1. Buch Mose, Kapitel 19, heißt es: »Da ließ der Herr Schwefel und Feuer regnen vom Himmel herab auf Sodom und Gomorrha und vernichtete die Städte und die ganze Gegend und alle Einwohner der Städte und was auf dem Lande gewachsen war.«

»Schwefel und Feuer regnen vom Himmel«

Um aus Hamburg Gomorrha werden zu lassen, hatten britische Experten umfangreiche Untersuchungen angestellt, hatten die Brennbarkeit der ortsüblichen Bauweise untersucht und die Bombentechnologie – die Mischung der verschiedenen Bombenarten, deren Dimensionierung und Einsatzdichte – immer weiter perfektioniert. In Hamburg wurde das Zerstörungswerk außerdem durch eine besondere Wetterlage zusätzlich begünstigt. Dazu schreibt Jörg Friedrich: »In der schwülen Hochsommernacht auf den 28. Juli stand die Temperatur zwischen 20 und 30 Grad. Im Zusammentreffen von Klima, Brandmischung, Verteidigungskollaps und Blockbaustruktur trat ein, was Harris' Codewort ›Gomorrha‹ der Operation unterlegte: Wie Abraham im 19. Kapitel der Genesis schaute er gegen die sündige Stadt und sah: Qualm stieg von der Erde auf wie der Qualm von einem Schmelzofen. Er zerschmolz zwischen vierzig- und fünfzigtausend Personen.«

Langsam, wie in Zeitlupe, fielen die 4000 Pfund schweren Minenbomben hinunter, die von den Engländern »Blockbuster« oder »Wohnblockknacker«, von den Hamburgern aber auf Grund ihrer zylindrischen Form »Badeöfen« genannt wurden. Um eine Stadt wie Hamburg anzuzünden, um sie in einem alles verzehrenden Feuer untergehen zu lassen, mussten Splitter-, Minen- und Brandmunition in genau kalkulierter Reihenfolge und Quantität abgeworfen werden. Die Sprengbomben durchschlugen Dächer, Wände, Mauern und sorgten dafür, dass die Brandbomben genügend entzündliche Nahrung finden würden.

Da nach dem Angriff viele Fassaden der ausgebrannten Häuser einzustürzen drohten, wurden ganze Straßenzüge zu Sperrgebieten erklärt und durch Mauern gesichert

Da der Bunker an der Reeperbahn schon überfüllt ist, erwarten diese Menschen den Angriff im kaum geschützten Eingangsbereich

Schon wenige Minuten nachdem kurz nach ein Uhr die ersten Bomben eingeschlagen waren, brannten einige Häuser, etwa 1.15 Uhr waren es schon ganze Wohnblocks, 1.30 Uhr bildeten Tausende von Häusern ein einziges Flammenmeer. Während sich für die Bomberbesatzungen ein unglaubliches, faszinierendes, schauerliches Schauspiel bot, das manche von ihnen an einen Vulkan in voller Tätigkeit erinnerte, war es für die Menschen in der Stadt das Inferno der Hölle. Es war 2.25 Uhr, als der Dienstführer der Luftschutzleitung Hamburg in sein Protokollbuch einen neuen, bislang unbekannten Begriff eintrug: »Feuersturm«. Das, was er von draußen gemeldet bekam, überstieg alle Erfahrungen früherer Bombenangriffe, es ließ sich mit keinen bis dahin gebräuchlichen Wörtern beschreiben.

Feuersturm bezeichnet ein physikalisches Phänomen. Es entsteht, wenn sich mehrere Brandherde vereinigen. Dann wird die glühend heiße Luft wie in einem Kamin durch ihren Auftrieb kilometerweit nach oben gesaugt. Dadurch entsteht am Boden ein enormer

Unterdruck, der mit unglaublicher Gewalt die Luft aus der gesamten Umgebung in den Brandherd saugt, ihm damit neuen Sauerstoff zuführt und ihn ständig neu anfacht.

Mehr als fünf Stunden tobte am 28. Juli der Feuersturm, der erst abzuebben begann, als er nicht mehr ausreichend brennbare Nahrung fand. Tausende Menschen wurden von dem Sturm erfasst, mitgerissen und binnen Sekunden verbrannt. Andere erstickten in den Bunkern, wurden von Mauern oder herabstürzenden Dächern erschlagen, verschüttet, zerquetscht.

Mehr als fünf Stunden tobte der Feuersturm

Der Angriff vom 28. Juli 1943 war der schlimmste, aber nicht der erste, der Hamburg heimgesucht hat. Vom 18. Mai 1940 bis zum 17. April 1945 war die Hansestadt Ziel von insgesamt 213 Luftangriffen. Bei der »Operation Gomorrha«, die sechs Angriffe zwischen dem 25. Juli und dem 3. August umfasst hat, wurden insgesamt 4491 Tonnen Spreng- und 4192 Tonnen Brandbomben auf Hamburg abgeworfen. Das kostete 34 000 Menschen das Leben – 82 Prozent aller Hamburger Luftkriegsopfer. 125 000 Menschen

Mahnmal St. Nikolai: Eine Glocke steht in der Kirchenruine

wurden verletzt, 900 000 obdachlos. Mehr als die Hälfte aller Wohnungen und ein großer Teil der öffentlichen Gebäude, Krankenhäuser, Schulen und Bahnhöfe waren zerstört. Bis Mitte August dauerte es, bevor die Strom-, Wasser- und Gasversorgung zumindest notdürftig wiederhergestellt werden konnte.

Noch heute leben etwa 200 000 Menschen in Hamburg, die 65 Jahre oder älter sind, sich also an den Feuersturm erinnern können. Aber wie geht man mit einer so traumatischen Erfahrung um, wie verarbeitet man ein solch grausames Erlebnis, auch wenn es inzwischen sechs Jahrzehnte zurückliegt? Das Hamburger Abendblatt hat nach Zeitzeugen gesucht und seine Leser gebeten, sich an das

Der britische Botschafter Sir Peter Torry, Bürgerschaftspräsidentin Dorothee Stapelfeldt und Bürgermeister Ole von Beust bei der Kranzniederlegung auf dem Ohlsdorfer Friedhof

Geschehen vor 60 Jahren zu erinnern. Die Resonanz war überwältigend. Die Redaktion erhielt zahllose Briefe, Tagebücher und Augenzeugenberichte, in denen sich Menschen erinnern und ihre Geschichten vom Sterben und Überleben erzählen: schreckliche, manchmal schwer zu ertragende, bewegende Geschichten, die manche von ihnen zum ersten Mal erzählt haben.

*Stilles Gedenken am
Bombenopfer-Mahnmal
auf dem Hauptfriedhof
Ohlsdorf*

»Wie kann man das Grauen in Worte fassen angesichts der tosenden
Feuerwände, die bis in den brennend roten Himmel reichten, der
heulenden Wut des glühend heißen Orkans, seines ohrenbetäuben-
den Lärms und des sengenden Funkenflugs«, schrieb Helga Kers-
ten-Schnack, damals neun Jahre alt. – »Ich musste mit ansehen, wie
eine Frau, wie von Furien gehetzt, wahrscheinlich auf der Suche
nach einem sicheren Ort, plötzlich der Länge nach lang in eine
Phosphorpfütze stolperte und grauenvoll verbrannte«, erinnert sich
Herbert Wulff (Jahrgang 1927). Und Edith Landschulze erzählte
von den Nächten im Bunker: »Wir haben entsetzliche Angst, aber
keiner sagt ein Wort oder jammert. Mein Bruder, 15 Jahre, ich, acht
Jahre, und einige große Nachbarjungen haben einen Kreis gebildet,
die Arme über die Schultern des anderen gelegt, die Köpfe zur
Mitte nach unten gebeugt, hoffend, so Schutz zu finden und diese
Katastrophe zu überleben.«

Gewiss, der Krieg war von Deutschland begonnen und vor allem
im Osten von Anfang an auf verbrecherische Weise geführt worden. Und noch bevor die ersten Bomben auf deutsche Städte ge-

Bürgermeister Ole von Beust bei seiner Gedenk-rede im Hamburger Rathaus

fallen waren, hatten deutsche Flugzeuge ihre Bombenlast auf Guernica, Warschau und Rotterdam abgeworfen. Aber war die von der Royal Air Force mit zunehmender Intensität betriebene Zerstörung von Wohngebieten und Tötung Hunderttausender Zivilisten deshalb gerechtfertigt? Schon während des Kriegs hatten sich in England vor allem Repräsentanten der anglikanischen Kirche gegen die barbarische Strategie des Bomber Command gewandt.

Gedenken in den Ruinen der Nikolaikirche

60 Jahre danach erinnerte auch Sir Peter Torry, der britische Botschafter in Deutschland, in der Gedenkstunde im Hamburger Rathaus an die Leiden der Menschen in Hamburg. »Die Ereignisse vom Juli 1943« seien ein »besonders schlimmer und zerstörerischer Ausdruck des Wahns« gewesen, der während des Zweiten Weltkriegs ganz Europa ergriffen habe, sagte Torry. Und in der Ruine der Nikolaikirche fragte der Journalist und Autor Ralph Giordano, der sich als Jude vor den Nazis verstecken musste und zugleich während des »Unternehmens Gomorrha« von den Bomben der Alliierten tödlich bedroht war, ob sich solche Angriffe auf die Zivilbevölkerung rechtfertigen lassen. »Ich finde keine Antwort«, sagte er sichtlich bewegt. »Aber für mich waren die da oben nie etwas anderes als Botschafter meiner eigenen Befreiung.« Bürgermeister Ole von Beust erinnerte in seiner Rathausrede daran, »dass es Deutsche waren, die die Grenze zwischen Krieg und Terror überschritten« hatten. »Es ist absolut falsch, deutsche Verbrechen relativieren zu wollen. Doch das Leid der Menschen zu relativieren, nur weil sie Deutsche waren, halte ich für ebenso falsch, wie den unschuldigen Opfern des Feuersturms entgegenzuhalten, sie hätten selber Schuld an der Zerstörung. Die Frage der Schuld ist beantwortet. Aber dennoch: Schuld ist niemals kollektiv, Schuld ist immer individuell«, sagte der Bürgermeister und fügte hinzu: »So begreife ich das Gedenken an den Bombenkrieg vor 60 Jahren als Chance, um auch für die Zukunft den vorbehaltlosen Blick auf jedes Unrecht zu richten, das geschieht.«

Ein weithin sichtbares Zeichen des Gedenkens: Die Hamburg-Flagge mit Trauerflor am Rathaus

Hafen, Tchibo, der kleine

Airbus und Jil Sander:
Die Wirtschaft

Jil Sander kehrt zurück. Die Grand Dame der Mode bestimmt als Designerin wieder die Kollektionen des von ihr gegründeten Modeimperiums. Hamburg lebt von großen Namen und Familien. Jil Sander, Michael Otto, Albert Darboven, Günther Fielmann, Eugen Block, Michael Herz: Männer und Frauen, die die Wirtschaft der Stadt prägen. Und die neben den Schwerpunktbranchen wie dem Hafen oder der Luftfahrtindustrie für Wachstum sorgen.

leitwerk. Davor ein weißer Flugzeugrumpf, auf dem in riesigen
Lettern der Name des Besitzers prangt: Frontier. So sieht es Ende
Juli 2003 unter einem immer mehr aufklarenden Himmel aus.

Neue Modelle, neue Arbeitsplätze: Airbus baut in Hamburg kräftig aus

Hamburg zeigt sich von seiner besten (Wetter-)Seite bei der Premiere des Airbus A318 auf Finkenwerder. Deutschlands größtes Airbus-Werk ist für die Endmontage des kleinsten Sprosses der Flugzeugfamilie zuständig. Neben dem neuen A318 werden in den riesigen Montagehallen an der Elbe auch die Typen A319 und A321 zusammengebaut, ausgerüstet und gewienert, sodass die Vertreter von Fluggesellschaften aus aller Welt ihr neustes Stück blitzblank direkt auf Finkenwerder abholen können. Extra für sie baut die AVW Albrecht Vermögensverwaltung des Hamburger Investors Frank H. Albrecht ein Hotel auf Finkenwerder. Betreiber des Hauses wird Gert Prantner sein, der in Hamburg bestens bekannte, langjährige Direktor des Hotels »Vier Jahreszeiten«. Die Auslieferung des ersten A318 ist im

Der kleine Airbus fliegt

Juli 2003 der vorläufige Höhepunkt einer Erfolgsgeschichte, die, so die Planung, im Jahr 2006 mit der Erstauslieferung des Super-Airbus A380, dem größten Passagierflugzeug der Welt, gekrönt werden soll. Das Riesenflugzeug bedeutet für Hamburg mehr als nur die Erweiterung einer bereits bestehenden Industrieproduktion. Denn durch den neuen Flieger werden bei Airbus und den Zulieferern je 2000 Stellen geschaffen; die Stadt wird dadurch wachsen. Auf ehemaligem Bundeswehrgelände wie in Neugraben-Fischbek werden Bebauungspläne umgesetzt, die den neuen Airbus-Mitarbeitern und den Tausenden anderen Bürgern, die jedes Jahr neu nach Hamburg ziehen, Wohnraum bieten sollen.

Wirtschaftlich aber zeigt sich die Hansestadt trotz Airbus leicht angeschlagen. »Hamburg kann sich nicht komplett von der Entwicklung im restlichen Bundesgebiet abkoppeln«, muss Wirtschaftssenator Gunnar Uldall (CDU) einräumen, nachdem absehbar ist, dass die Wirtschaftskraft der Stadt im Gesamtjahr nur um etwa einen halben Prozentpunkt zulegen kann. Aber es mehren sich, vor allem in der zweiten Jahreshälfte, die Anzeichen, dass die Zeiten wieder besser werden. Auch der Einzelhandel profitiert davon. »28 Prozent mehr Umsatz« meldet zum Beispiel das Hamburger Porzellanhandelshaus Lenffer. »Selbst teure

Hamburg kann sich nicht vom Bund abkoppeln: Wirtschaftssenator Gunnar Uldall (CDU)

Laurenz und sein Vater Lothar Lenffer vom gleichnamigen Porzellanhaus spüren erste Anzeichen einer Wirtschaftserholung

Die Leute geben wieder Geld für Schmuck aus: Tina Benecke (Juwelier Sönnichsen am Neuen Wall)

Hamburgs Hafen brummt. Mit zweistelligen Wachstumsraten wird für 2003 ein neuer Rekordumschlag angepeilt

Ringe lassen sich wieder deutlich besser verkaufen«, bestätigt Tina Benecke, Juniorchefin des Juweliers Sönnichsen am Neuen Wall, den leichten Aufwärtstrend. Solche Aussagen untermauern die Prognose von Wirtschaftssenator Uldall, der für 2004 ein Wachstum von 2,25 Prozent in Hamburg erwartet. »Wir haben die Summe der privaten Investitionen addiert, die in den nächsten sechs bis zwölf Monaten in Hamburg getätigt werden sollen. Da kommen wir auf 1,7 Milliarden Euro«, begründet Uldall seinen Optimismus. Allein in der neuen HafenCity sind Ende Juni schon 15 Projekte im Gesamtvolumen von 350 Millionen Euro geplant. In Hamburgs zukünftiger Nobelmeile sollen neben zahlreichen Büroneubauten auch Wohnungen für die wachsende Stadt Hamburg entstehen.

Profitieren werde die Hansestadt auch, wenn, wie von den Wirtschaftsforschungsinstituten vorausgesagt, die unternehmensnahen Dienstleistungen 2004 wieder zulegen. In Hamburg sind zahlreiche Firmen dieser Branche ansässig. »Auch vom Anziehen des Welthandels wird die Hansestadt profitieren«, sagt Uldall. »Schließlich haben wir zahlreiche Außenhandelsfirmen in der Stadt.« Und einen überaus erfolgreichen Hafen, der allein im ersten Halbjahr 2003 den Containerumschlag um satte 14,9 Prozent steigern konnte. Für das Gesamtjahr wird erstmals in der 814-jährigen Geschichte des Hafens angestrebt, beim Umschlag die 100-Millionen-Tonnen-Grenze

zu überschreiten. »Wir machen dem führenden europäischen Hafen in Rotterdam immer ernsthafter Konkurrenz«, sagt Jürgen Sorgenfrei, Vorstand des Hafen Hamburg Marketings, bei der Vorlage der Halbjahresbilanz. Die Niederländer legten nämlich in den ersten sechs Monaten nur um 11,4 Prozent zu.

Die 88 360 Hamburger, die Mitte 2003 ohne Arbeitsplatz waren, werden aber kaum von dem zaghaften wirtschaftlichen Erfolg in der Stadt profitieren. Erst ab etwa 2,5 Prozent schlägt das Wirtschaftswachstum auf den Arbeitsmarkt durch, ist die Erfahrung des Wirtschaftssenators. Zudem gebe die Hamburger Arbeitsmarktstatistik ein verzerrtes Bild wieder. »Jeden Morgen fahren 311 000 Menschen aus dem näheren Umland zum Arbeiten nach Hamburg. Nur 93 700 Hamburger verlassen die Stadt, um im Umland zu arbeiten. Wenn diese im Saldo 217 300 Stellen in der Stadt von Hamburger Mitarbeitern besetzt wären, ergäbe die Arbeitslosenstatistik der Stadt ein besseres Bild. Beachtlich ist auch, dass dieser Saldo, wenn auch langsam, ständig zu Lasten Hamburgs wächst.«

Und eine gesunde Unternehmensstruktur reicht in Zeiten der Globalisierung als Garant für Wachstum nicht mehr aus. Es vergeht kaum ein Jahr, in dem nicht auch in Hamburg Firmen übernommen werden oder fusionieren, Konzerne verkauft werden und damit für Hamburg wichtige wirtschaftliche Substanz verloren geht. Zum Beispiel Hein Gas: Der Gasversorger hat mit der Rendsburger Schleswag AG fusioniert. Beide Firmen gehören zum Energiekonzern E.ON und verschmolzen zur E.ON Hanse. Pech für Hamburg: Der Sitz des neuen norddeutschen Energieriesen ist nicht in der Hansestadt, sondern in Quickborn. Hamburgs Finanzsenator Wolfgang Peiner (CDU) pokerte während der Fusionsgespräche so hoch er konnte. Doch die Stadt hatte in diesen Gesprächen kaum Trümpfe in der

Schmieden die E.ON Hanse: E.ON-Chef Johannes Tyssen, Hein-Gas-Chef Hans-Jakob Tissen und Schleswag-Chef Helmut Lechlein (von links)

Regina Dannenfeldt (oben) gehörte zu den ersten Hamburgerinnen, die eine Ich-AG gegründet haben. Die Unternehmerin hat sich auf Bilderrahmen spezialisiert.
Unternehmerin statt arbeitslos: Sabine Magdanz (unten) fertigt Puppenkleidung. Ihre Tochter brachte sie auf die Idee

Hand, weil sie schon seit Jahren nicht mehr an Hein Gas beteiligt ist. Anders die Situation bei der Schleswag: Alle elf Landkreise des norddeutschen Bundeslandes halten Anteile an dem Stromkonzern und konnten deshalb erreichen, dass der neue Firmensitz nach Schleswig-Holstein kommt. Immerhin setzte Peiner noch durch, dass Hamburg trotz des Verlustes der Unternehmenszentrale über Jahre hinweg kaum Einbußen bei den Steuereinnahmen durch die Fusion hat. Unter anderem verbleiben Bereiche wie die Zentren für die Geschäftsfelder Gas und Informationstechnologie in Hamburg. Zudem hat sich E.ON Hanse verpflichtet, bis Mitte 2006 genau 1000 Mitarbeiter in der Stadt zu beschäftigen. Ein Jahr später werden es noch 950 sein, und bis Ende 2008 noch 900.

Ein ähnlicher Spagat ist Peiner bei der Fusion der Hamburgischen Landesbank mit dem Kieler Pendant zur HSH Nordbank gelungen.

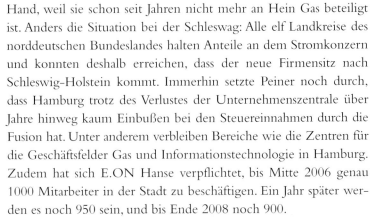

Auch bei der ersten bundesländerübergreifenden Fusion von Landesbanken hatte die Stadt kaum Verhandlungspotenzial, da die Schleswig-Holsteinische Landesbank bereits vor der Fusion mit 49,5 Prozent an der Hamburgischen beteiligt war. Dennoch konnte Peiner durchsetzen, dass das neue Institut, anders als bei Hein Gas und Schleswag, einen Doppelsitz bekam. Die Zentrale in Hamburg bleibt somit genau wie die in Kiel erhalten.

Die Arbeitsplätze werden zwar weniger, aber es gibt keine Entlassungen, sondern nur eine Ausnutzung der Fluktuation.

Es gibt auch positive Signale für den Wirtschaftsstandort: 2002 wurden in der Hansestadt zehn Prozent mehr Gewerbeanmeldungen verzeichnet als im Vorjahr. Hamburg hatte damit den höchsten Zuwachs von allen Bundesländern. Zwar verbirgt sich hinter der Selbstständigkeit oft die Not der Menschen, die ins eigene Unternehmen ge-

Erforschen den Darm-krebs: Prof. Hartmut Juhl (links) und Prof. Carsten Zornig sind zwei der Gründer der preisgekrönten Firma Indivumed

drängt werden und die neue Form der Ich-AG wählen, weil sie auf dem Arbeitsmarkt keinen Platz finden. Oft genug sind es aber auch die Gründer und kleinen Unternehmer, von denen Hamburg profitiert. Während Industriebetriebe Arbeitsplätze abbauen müssen, schaffen Kleinunternehmer Stellen.

Auch deshalb hat sich das Hamburger Abendblatt entschlossen, sich am Hamburger Gründerpreis zu beteiligen: eine Aktion, die Gründer und Unternehmerpersönlichkeiten dieser Stadt den verdienten Respekt zollt. Zum Beispiel Albert Darboven mit seiner Firma J.J. Darboven, einem 1866 in Hamburg gegründeten Handelshaus (Idee Kaffee).

Kaffee-Unternehmer Albert Darboven wurde im vergangenen Jahr in Hamburg für sein Lebenswerk geehrt

Er wird 2003 für sein Lebenswerk geehrt. Darboven hat in vierter Generation das Werk seiner Ahnen konsequent und erfolgreich fortgesetzt und beschäftigt heute in seinem 250 Millionen Euro Umsatz starken Imperium 1000 Mitarbeiter. Mit Erfolg: Während andere Kaffeefirmen längst geschluckt wurden, ist Darbovens Lebenswerk intakt. Oder Indivumed: Zwei Mediziner, Carsten Zornig und Hartmut Juhl, haben eine Gewebedatenbank aufgebaut, mit deren Hilfe es gelingen soll, neue, molekulare Behandlungsverfahren

und damit auch eine maßgeschneiderte Therapie für Darmkrebspa-
tienten zu entdecken. Die Idee der beiden Forscher hat weltweit in
der Wissenschaft für Anerkennung gesorgt, und Juhl und Zornig
wurden dafür mit dem Hamburger Gründerpreis ausgezeichnet.
Zum Hamburger Unternehmer des Jahres wurde Gerd Leopold
vom Handwerksbetrieb Rehbein & Weber. Was ihn von anderen
Handwerkern unterscheidet? Elektriker und Klempner, Maler und
Fußbodenverleger arbeiten unter seinem Dach. Leopold bietet

zahlreiche Gewerke aus einer Hand an, Bauherren haben ihn als einzigen Ansprechpartner und müssen nicht verschiedene Handwerksbetriebe miteinander koordinieren. Beispiele, die zeigen, dass Unternehmergeist eine Stadt wie Hamburg voranzubringen vermag.

Gerade die Hansestadt kann auf die Stärke zahlreicher Unternehmerdynastien wie die Familien Otto (Versand), Schnabel (Helm AG), Möhrle (Bahr Baumärkte), Greve (Bauunternehmen), Block (Steakhäuser, Hotel Elysée), Fielmann (Brillen), Warburg (Bankhaus) oder die Nachfahren der Familie Jungheinrich (Gabelstapler, wurde 50 Jahre alt) zurückgreifen. Auch Friedrich W. Werner steht zur Hansestadt. Vor 40 Jahren hat der Hamburger Unternehmer eine Marktnische entdeckt: preisgünstigen Modeschmuck. Werner hat die Idee Stück für Stück ausgebaut. Inzwischen betreibt seine Bijou Brigitte AG in Deutschland und vielen anderen Ländern 471 Filialen, davon 17 in Hamburg. Der Gründer verdient mit Artikeln, die es bereits ab 30 Cent aufwärts gibt, gutes Geld. Das Verkaufs-, Bezugs- und Warenwirtschaftssystem ist so ausgereift, dass sich kaum ein anderer großer Konkurrent im Markt etablieren kann. Am deutschen Markt für Modeschmuck hat Bijou Brigitte inzwischen einen Anteil von rund 20 Prozent. Mitbewerber sind große Kaufhäuser und kleine Boutiquen, die neben Bekleidung auch Accessoires anbieten.

In die Galerie der großen Hamburger Namen gehört auch Jil Sander. Zwar hat die Modedesignerin ihr Unternehmen 1999 an den italienischen Konkurrenten Prada verkauft und wenige Monate später die Firma ganz verlassen. Doch mit Jil Sander ohne Jil

Viel Erfolg mit preisgünstigem Modeschmuck: Bijou Brigitte gehört zu den Stars an der Börse

In einer Hand: Der italienische Prada-Konzern übernahm die Jil Sander AG und holte die Designerin wieder ins Unternehmen zurück

Mit seinen Marken Tchibo und Eduscho ist der Hamburger Kaffee-konzern Tchibo führend auf dem deutschen Markt und auch Nummer eins in zahlreichen anderen Ländern wie Österreich oder der Ukraine. 2003 wird bekannt, dass Tchibo die Mehrheit von Beiersdorf übernehmen will

Sander wollte sich die meist gut betuchte Kundschaft offenbar nicht abfinden. Die Jil Sander AG schrieb rote Zahlen, und Prada holte die Ikone der deutschen Modebranche wieder in das Hamburger Unternehmen – Jil Sander arbeitet seither hart wie eh und je. Entwirft Kollektionen, überwacht die Qualität, sinniert über neue Formen und Stoffe.

Auch die Werft Blohm + Voss, zwar nicht mehr in Familienhand, steht für ein Stück Hamburg und gilt als Garant für die Schiffbaubranche in Hamburg. Das Unternehmen wurde jetzt

Familienstreit 125 Jahre alt. Ein anderes Hamburger Familienunternehmen sorgt bereits seit Jahren für Unterhaltung: Der Tchibo-Konzern mit seiner Eigner-Familie Herz. Es ging auch in diesem Sommer um eine Affäre, die alle Zutaten für einen Bestsel-

Günter Herz und seine Schwester Daniela haben ihren Tchibo-Anteil für rund vier Milliarden Euro an den Rest der Herz-Familie abgegeben

Uta Herz (rechts), Ehefrau von Günter Herz, mit Danièle Thoma bei einem Ladies Lunch in Berlin

ler bietet. Eine Mutter (Ingeburg Herz), deren fünf Kinder Michael, Günter, Joachim, Wolfgang und Daniela seit Jahren zerstritten sind. Es geht um Unternehmensanteile, Milliardensummen und nicht zuletzt um Tausende Mitarbeiter.

Was ist geschehen? Die Geschwister haben eine unversöhnliche Front gebildet. Auf der einen Seite Günter Herz, der Tchibo mehr als 30 Jahre leitete und auch mit der Übernahme des Konkurrenten Eduscho groß gemacht hat. Ihm steht seine Schwester Daniela bei. Auf der anderen Seite bilden die Brüder Michael, Wolfgang und Joachim Herz eine Allianz. Erstes Opfer des Streits um die richtige Geschäftspolitik war Günter Herz selbst, der von seinen Brüdern im Januar 2001 aus seinem Chefposten bei Tchibo gedrängt wurde. Mundtot machen konnten sie ihn aber nicht, die öffentliche Schlammschlacht ging weiter.

Wohl auch deshalb reifte in Michael Herz die Idee, Daniela und Günter auszuzahlen und so

ganz aus dem Kaffeeimperium zu drängen. Das viele Geld, das Tchibo durch den Verkauf des Zigarettenkonzerns Reemtsma an das britische Unternehmen Imperial Tobacco erzielt hatte, kommt dafür gerade recht. Günter und Daniela bekommen rund vier Milliarden Euro und geben im Gegenzug ihr 39,5-prozentiges Tchibo-Paket an die restlichen Geschwister und an die Mutter Ingeburg Herz ab.

Doch Tchibo wäre nicht Tchibo, wenn der betreffenden Hauptversammlung, auf der die Trennung entschieden wurde, nicht ein turbulenter Schlagabtausch vorausgegangen wäre. Diesmal ist es Joachim Herz, der den Geschwisterkampf anheizt und sich gegen seinen Bruder Michael stellt. Seine Sorge: Wenn all die Milliarden aus dem Reemtsma-Erlös weg sind, kann Tchibo

Ingeburg Herz, Witwe des Tchibo-Gründers Max Herz, ist sehr traurig darüber, dass sich ihre Kinder streiten

mangels genügend finanzieller Mittel nicht mehr wie geplant die Mehrheit an Beiersdorf, einem anderen Hamburger Unternehmen erwerben. Der Nivea-Hersteller könnte Opfer einer feindlichen Übernahme werden.

Joachim Herz, der nur knapp 15 Prozent an Tchibo hält, kann sich nicht durchsetzen. Die vier Milliarden wechseln den Besitzer, aber

Die Milliarden-Abfindung

Tchibo will trotzdem groß bei Beiersdorf einsteigen. Der Kafferöster hat dem Versicherungskonzern Allianz, der 44 Prozent an Beiersdorf hält und diese verkaufen will, ein Übernahmeangebot vorgelegt. Tchibo will die Anteile gemeinsam mit Partnern erwerben.

Doch neben Tchibo will sich auch der amerikanische Konzern Procter & Gamble (unter anderem Oil of Olaz, Pampers) das Hamburger

Traditionsunternehmen einverleiben. Am Ende – so die Furcht in Hamburg – könnte die Zerschlagung der Firma und damit der Verlust von Arbeitsplätzen in der Stadt stehen, wenn ein multinationaler Konzern bei Beiersdorf einsteigt. Auch deshalb erhält Tchibo mit seiner Hamburger Lösung für Beiersdorf Rückendeckung von Finanzsenator Wolfgang Peiner und Wirtschaftssenator Gunnar Uldall. Beide haben nur eines im Sinn: Beiersdorf und die Arbeitsplätze für

Hamburg zu sichern. Tchibo kann sogar noch einen Trumpf ausspielen: Das Unternehmen hält bereits knapp 31 Prozent der Beiersdorf-Anteile, hat also eine Sperrminorität und kann damit jedem Erwerber des Allianz-Pakets das Leben schwer machen.

Zu guter Letzt geht doch alles gut für Hamburg aus: Tchibo und die Stadt kaufen gemeinsam 40 Prozent der Beiersdorf-Aktien von der Allianz. Den Rest behält der Versicherungskonzern. Das Ringen hat ein Ende. Die Beiersdorf-Mitarbeiter fallen sich am 23. Oktober erleichtert in die Arme. »Wir schweben auf den Fluren«, sagte einer dem Abendblatt.

»Jede Woche eine neue Welt«: Unter diesem Slogan verkauft Tchibo in den Filialen neben Kaffee auch ständig wechselnde Gebrauchsartikel. Mit Erfolg

esser sehen – Jahr eins der Color Line Arena

Das ging ja gut los: Phil Collins war im November 2002 der erste Weltstar, der Hamburgs neue Color Line Arena beehrte. Seitdem hat das Hamburger Publikum in der Halle fast alle gesehen, die derzeit in Pop und Rock Rang und Namen haben. Ganz zu schweigen von Boxkämpfen – allein zu Dariusz Michalczewski gegen Derrick Harmon kamen 15 250 Zuschauer – Eishockey- und Handballspielen. Aber bei Events solcher Größenordnungen müssen die Veranstalter noch dazulernen.

Heinrich Oehmsen Am 8. November 2002 ist es endlich so weit: Hamburgs Erster Bürgermeister Ole von Beust eröffnet bei einer Pop-Gala mit Phil Collins, Sasha und Wonderwall Hamburgs neue Superhalle, die Color Line Arena, in unmittelbarer Nachbarschaft des zur AOL-Arena umgebauten Volksparkstadions. Endlich hat

auch die Hansestadt ein Forum, um die Weltstars an die Elbe zu holen. Jahrelang hatten die Hamburger neidisch zusehen müssen, wie hochkarätige Sport-, Pop- und Show-Veranstaltungen an der norddeutschen Metropole vorbei- und in der »Provinz« über die Bühne gingen, nämlich in Bremen, Kiel oder Hannover. Kein Eric Clapton, keine Britney

Eröffnungsfeier der Color Line Arena am 8.11.2002: Bürgermeister Ole von Beust – zwischen Investor Harry Harkimo (l.) und Color-Line-Arena-Chef Uwe Frommhold – hält den Schlüssel zu Hamburgs neuer Großhalle in der Hand

Spears, keine Tennis-Daviscup-Matches. Es fehlte an einer entsprechend großen Arena, denn die Sporthalle in Alsterdorf mit ihren 7000 Plätzen reichte bei weitem nicht mehr aus, wenn die Weltstars mit Dutzenden von Sattelschleppern anreisten, um gigantische Bühnen für ihre Shows zu installieren.

Seit 1958 (!) wurde über den Bau eines neuen Sportpalastes diskutiert. Nach langwierigen Standortdiskussionen mit ständigem Für und Wider, einem jahrzehntelangen Tauziehen über die Finanzierung und der Suche nach dem geeigneten Investor geht es dann plötzlich schnell: Der finnische Geschäftsmann Harry Harkimo, bereits seit 1999 als Investor in dem Projekt dabei, übernimmt im Jahr 2001 die Leitung, legt am 8. Juni 2001 den Grundstein und eröffnet die Color Line Arena exakt 17 Monate später. Inzwischen ist sie zu einem Publikumsmagneten geworden, der allein in den ersten sechs Monaten 650 000 Besucher bei 73 Veranstaltungen

Gerühmt wird die Akustik

anzog. Experten wie Besucher loben den 80 Millionen Euro teuren Bau: 150 Meter lang, 110 Meter breit, 33 Meter hoch, mit einem Fassungsvermögen von bis zu 16 000 Zuschauern inklusive 77 Logen und 1500 Business-Seats je nach Art der Veranstaltung. »Die beste Halle Deutschlands«, schwärmte Konzertveranstalter Karsten Jahnke schon am Tag der Eröffnung. Gerühmt wird vor allem die Akustik der Multifunktionshalle.

Beeindruckend ist der riesige, 30 Tonnen schwere, unter der Decke hängende Videowürfel, der »Cube«, der bei Sportveranstaltungen spektakuläre Spielszenen wiederholt, genau wie in den großen Sportarenen Nordamerikas. Namensgeber des blauen Ovals an der Sylvesterallee 10 ist übrigens die norwegische Fährschiffreederei Color Line, die die Namensrechte für zehn Jahre gekauft hat.

Mehr als 15 000 Besucher haben Platz in der Color Line Arena am Volkspark neben der AOL-Arena. Hier können Sport-, Show- und Kulturveranstaltungen stattfinden

Den Zuschauerrekord der Color Line Arena hält zurzeit Dariusz Michalczewski, zu dessen Box-kampf gegen Derrick Harmon am 29. März 15 250 Gäste ka-men. Spitzenreiter bei den Pop-künstlern ist Peter Gabriel mit 14 700 Fans; eine Zahl, die nur erreicht werden konnte, weil Gabriels Bühne mitten auf der (abgedeckten) Eisfläche aufge-baut wurde. Aber auch andere Rockshows waren monatelang vorher ausverkauft und boten erstklassiges Entertainment. Etwa der Auftritt der Red Hot Chili

Mike Keller von der Color Line Arena holt die Stars – und hält die Kosten möglichst »im Rahmen«

Peter Gabriel kam am 26. April und lockte 14 700 Fans in die Halle

Ein Auftritt wie der von Shakira am 14. April wäre ohne die Halle in Hamburg nicht möglich gewesen – die junge Dame brachte ein riesiges technisches Equipment mit

Peppers: Die US-Rockband (bekannt mit Hits wie »By The Way«, »Californication«) zeigte sich mit einer 50-minütigen Zugabe ungewöhnlich spielfreudig, auch das sicher rekordverdächtig. Und ein Auftritt wie der von Shakira am 14. April wäre angesichts des riesigen Equipments, mit dem der Latinostar anreiste, vorher in Hamburg nicht möglich gewesen. Auch andere Stars sorgten für eine »volle Hütte« in der Hightech-Halle. Das Hamburger Original Lotto King Karl lockte mehr als 10 000 Fans an, Latin-Rocker Carlos Santana feierte mit seinen Fans eine riesige Fiesta, für den Auftritt von The Cure reisten Rock- und Gothic-Fans aus ganz Deutschland zum ersten regulären Konzert in die Arena; selbst aus Finnland und aus Moskau kamen treue Cure-Anhänger. Ob bei Nena, Harry Belafonte, Bryan Adams, den Foo Fighters, der Nokia Night of The Proms oder bei der Fernsehshow »Gold Gold Gold!« – die Reaktionen des Publikums über die Halle waren fast durchweg positiv.

Moniert werden allenfalls die nicht gerade niedrigen Preise an den Gastronomieständen. Und einige Zuschauer beklagten in den ersten Wochen kalte Füße und Zugluft. Auch die Kühlaggregate der

Altmeister Carlos Santana, der Vater des Gitarrensolos, bei seinem Auftritt am 2. September

Eine beeindruckende
Zahl von Stars kam
gleich im ersten Ham-
burger Arena-Jahr: Die
Red Hot Chili Peppers
(großes Bild) brachten
das Publikum am
22. März erwartungs-
gemäß mit »By the
way« zum Kochen –
nur wenige Tage nach
Balladenkönig Bryan
Adams (14. März).
Am 25. April erfreute
Lotto King Karl 10 000
Fans

Auch Tom Jones ist immer noch ein tigerartiger Entertainer (29. Mai). Zum Konzert von The Cure reisten am 9. November Rock- und Gothic-Fans aus ganz Deutschland nach Hamburg

1800 Quadratmeter großen Eisfläche versagten einmal ihren Dienst, und ein Spiel der Freezers gegen die Kassel Huskies musste abgesagt werden, sehr zum Unmut der Eishockeyfans, die bereits in der Halle waren. Überhaupt Eishockey: Mit der Color Line Arena ist Hamburg zu einer Hochburg des schnellen Kufensports geworden. Vorbei die Zeiten, in denen man in Farmsen Spiele verfolgen musste, die oft wenig erbaulich waren. Zwar gab es in Hamburg bislang kein professionelles Team, doch wie im US-Profisport wurde kurzerhand eines gekauft. Die Münchner Barons wechselten nicht zuletzt auf Betreiben des Eishockeyfans Harkimo von der Isar an die Elbe. Unter dem neuen Namen Freezers schafften sie gleich in der ersten Saison den Einzug in die Playoffs der acht besten Mannschaften.

Ihr halten »alte« Fans aus den Tagen der Neuen Deutschen Welle die Treue und auch ganz junge: Nena feierte am 2. April in der Color Line Arena ihr 20-jähriges Bühnenjubiläum

Vor allem aber haben die Freezers einen so nicht voraussehbaren Eishockey-Boom ausgelöst. In der vergangenen Saison waren 18 Spiele ausverkauft, durchschnittlich kamen 11 000 Zuschauer zu den Partien der »Kühlschränke«. Und auch Handball-Bundesliga gibt es neuerdings in Hamburg zu sehen, ebenfalls als Import. Der Erstligist VfL Bad Schwartau mutierte zum HSV und

bescherte Hamburg auch hier ein Team der höchsten deutschen Spielklasse. Zwar können sportlicher Erfolg und Zuschauerresonanz noch nicht mit den Freezers mithalten, doch wenn eine Spitzenmannschaft wie der THW Kiel anreist, hängt an der Vorverkaufskasse der Arena schon wieder das Schild »Ausverkauft«. Jetzt fehlt nur noch

Die Freezers lösten in ihrer neuen Haus-Halle einen Eishockey-Boom aus: Zu den Partien der Kühlschränke kamen im Schnitt 11 000 Besucher

eine Basketballmannschaft, um das Spitzensportangebot in Hamburg komplett zu machen.

Natürlich gibt es auch Hochkultur in der Arena der Superlative. Giuseppe Verdis »Nabucco« erlebte zwar eine gigantische Aufführung, allerdings waren Kritiker und auch Teile des Publikums von der konventionellen Inszenierung nicht besonders angetan. Im kommenden Februar folgt mit der »Aida« ein zweites Opernspektakel. Vielleicht mit einem besseren Resultat. Die Nachfrage nach solchen Klassik-Events ist jedenfalls hoch. Nach guten Vorverkaufszahlen ist bereits eine zweite »Aida«-Aufführung in den Vorverkauf gegangen.

Auch die Handballer profitierten von der neuen Arena. Erstligist Bad Schwartau mutierte zum HSV und bescherte den Fans Spiele eines Höchstklassenteams

Ein Klassik-Event in der Color Line Arena: Verdis »Nabucco«. Die etwas steife Inszenierung konnte allerdings mit früheren Open-Airs an der Speicherstadt nicht mithalten

ed von Olympia 2012:

Der Sport

Feuer und Flamme waren die Symbole einer Begeisterung, wie sie die Stadt nie zuvor kannte. 92 Prozent der Einwohner unterstützten den Plan, mit dem Hamburg für Deutschland ins Rennen um die Olympischen Spiele 2012 gehen wollte. Dem Konzept der »Spiele am Wasser« wurden noch bis in die Stunde der Entscheidung allerbeste Chancen eingeräumt. Am Ende blieb viel Lob für die Kraft dieser Vision – und viel Arbeit für die Stadtreinigung.

Rainer Grünberg Selten wohl hat ein einziges Wort eines deutschen Bundeskanzlers das Wahlvolk so gespalten wie jenes an diesem denkwürdigen 12. April 2003. Die Olympiauhr auf dem Hamburger Rathausmarkt zeigte 16 Uhr, 37 Minuten und 54 Sekunden, als Gerhard Schröder im fernen München mit fester Stimme verlas, was auf dem ihm dargereichten Zettel in Großbuchstaben geschrieben stand: »LEIPZIG«. Seine fröhlich flackernden Augen verrieten, dass der Kanzler mit der Entscheidung des Nationalen Olympischen Komitees (NOK) über den deutschen Bewerber für die Sommerspiele 2012 höchst einverstanden war – und möglicherweise nicht nur deshalb, weil er damit seine Wette um sechs Flaschen Rotwein gegen NOK-Präsident Klaus Steinbach gewonnen hatte. Der soll, so wurde später kolportiert, auf Hamburg gesetzt haben.

Während in Leipzig auf dem Marktplatz ein Orkan der Begeisterung losbrach, schien der Herzschlag der Menschen 370 Kilometer nördlich für einen Moment auszusetzen. Es herrschte eine Stille, die jeden frösteln ließ, notierten die Beobachter. Binnen einer Sekunde stürzten 50 000 auf dem Rathausmarkt aus grenzenlosem Optimismus in kollektive Trauer;

Die Präsentation in München (v.l.): Bewerbungschef Horst Meyer, 400-Meter-Europameister Ingo Schultz, Rollstuhlbasketballerin Heidi Kirste, Moderator Johannes B. Kerner und Bürgermeister Ole von Beust

kein Aufschrei, keine Empörung, keine Wut, nur Stille. Und Tränen, überall Tränen. Selbst in der zehn Kilometer entfernten AOL-Arena stockte den 55 000 Besuchern in diesem Augenblick der Atem. Die zweite Halbzeit im Fußball-Bundesligaspiel des HSV gegen Borussia Dortmund (Endstand: 1:1) war gerade acht Minuten alt, die Hamburger stürmten, was sie an diesem frühlingshaften Nachmittag nur gelegentlich taten, als die Nachricht ihren Lauf nahm. Noch nie habe er die Menschen im Stadion derart apathisch reagieren sehen, empfand HSV-Idol Uwe Seeler, nicht einmal entscheidende Gegentore hätten in der Vergangenheit einen solchen Massenschock ausgelöst. Die grenzenlose Enttäuschung war verständlich,

schließlich hatten sich zuletzt 92 Prozent der Hamburger hinter der Olympiabewerbung versammelt. Eine annähernd ähnliche Zustimmung hat kein Projekt der Stadt je erreicht.

»Als Schröder ›Leipzig‹ sagte, ist mir das Herz in die Hose gerutscht«, gestand Ole von Beust. Zweieinhalb Stunden zuvor hatte Hamburgs Bürgermeister den 71 NOK-Delegierten im Münchner Park-Hilton-Hotel noch die Vorzüge der Hansestadt launig gepriesen. Um den zur Einstimmung gezeigten Bewerbungsfilm stritten die Verantwortlichen der »Hamburg für Spiele 2012 GmbH« indes bis zuletzt. Der von Starregisseur Dieter Wedel gedrehte Streifen hatte am 7. April bei seiner Premiere im Rathaus unter den 300 geladenen Gästen des Festbanketts zwiespältige Gefühle ausgelöst. Politiker, Sportler und Unternehmer kritisierten das 300 000 Euro teure Werk nach dem Dessert teilweise heftig. Die spitzfindige Geschichte eines kleinen Jungen, der das Einzigartige an Hamburg sucht, würde die landläufigen Vorurteile gegenüber der Stadt – kühl, arrogant, reich und selbstzufrieden – eher verstärken als abbauen und sei nicht geeignet, ein derart heterogen strukturiertes Gremium wie eine Ansammlung von Sportfunktionären auf breiter Front zu beeindrucken.

50 000 Hamburger verfolgten auf dem Rathausmarkt die Olympia-Entscheidung live

Aus der Traum: Traurige Blicke auf dem Rathausmarkt nach der Entscheidung für Leipzig

Enttäuscht: Bürgermeister Ole von Beust

Der Aufsichtsrat der GmbH gab am Tag danach einen Alternativfilm in Auftrag. Die Werbeagentur Springer & Jacoby schnitt ihn in 60 Stunden für vergleichsweise günstige 66 000 Euro vornehmlich aus Archivmaterial zusammen, nur wenige Szenen mussten neu gedreht werden. Am Freitag um 21.30 Uhr, 17 Stunden vor dem Aufführungstermin, fiel nach Ansicht der Rohfassung die Entscheidung für den neuen Werbespot: Wedel wurde aus dem Programm genommen. Horst Meyer, Geschäftsführer der Bewerbungs-GmbH, erreichte den überraschten Regisseur an diesem Abend telefonisch auf Mallorca. Er sei sehr traurig gewesen, berichtete Meyer. Das war die offizielle Seite der Reaktion. Fünf Wochen vor der Entscheidung in München hatte die Evaluierungskommission des NOK dem Olympiabewerber Hamburg die höchsten Noten für sein kompaktes Konzept erteilt. Der fachliche und faktenreiche Rat an die bis zu 91 Jahre alten Delegierten sollte jedoch am Ende keine Rolle spielen. Als Leipzigs Oberbürgermeister Wolfgang Tiefensee bei der Präsentation der einstigen »Heldenstadt« im Ballsaal des Park-Hilton-Hotels zum Cello griff und »Dona nobis pacem« (Gebt uns Frieden) spielte, das Leitmotiv der gewaltlosen Revolution im Wendejahr 1989, hatte er den nostalgischen Nerv der Versammlung getroffen. 81 Stimmen erhielten die Sachsen im vierten und letzten Wahlgang, Hamburg 51.

Wie konnte das passieren? »Ich habe noch Monate nach der Abstimmung von zahlreichen Mitgliedern des NOK Glückwünsche und Danksagungen für unsere hervorragende und beeindruckende Bewerbung erhalten. Sie sei angeblich einmalig gewesen«, wusste Horst Meyer zu erzählen, »hätten all diese Leute für uns votiert, die mir hinterher auf die Schulter geschlagen haben, hätten wir hoch überlegen gewonnen.« Auch Bundesinnenminister Otto Schily, in Schröders Kabinett verantwortlich für den Sport, reihte sich im Nachhinein in die Bewunderer ein: »Hamburg, da dürfen wir uns nichts vormachen, hat mit Sicherheit in puncto Kompaktheit ein besseres Konzept als Leipzig prä-

sentiert«, sagte er. Zum Zeitpunkt dieser Äußerungen, Mitte des Jahres, hatten die Leipziger längst begonnen, ihre Bewerbungs- schrift für die internationale Kampagne neu zu fassen. Die Unterlagen, mit denen sie den deutschen Olympiaentscheid be- stritten, erwiesen sich bei vorbe- haltloser Prüfung in wichtigen Passagen als eine Mischung aus Fantasie, Verklärung und Verken- nung der Verhältnisse. Schon der aufwändige Evaluierungsbericht des NOK, der Leipzig hinter Hamburg überraschend auf Platz zwei gesetzt hatte, berichtete später ein Mitglied der ehrenwerten Kom- mission, sei auf politischen Druck an mehreren Stellen geschönt worden.

Zum 1. September 2003 verließ Sandra Völker Hamburg – sie zog nach Leipzig. Rechts: Ehemann Axel Bolek

In Hamburg begann unterdessen die Abrechnung mit der Spiele-2012-GmbH. Rund zwei Millionen Euro Defizit hat sie der Stadt hinterlassen, die sich bereits im Vorfeld der Bilanzierung zur Beglei- chung des Fehlbetrags entschlossen hatte. Die Ausgaben wuchsen, vor allem aufgrund teilweise vom Aufsichtsrat unkontrollierter Ak- tivitäten, in der letzten Bewerbungsphase Anfang 2003 auf fast zehn Millionen Euro. Mit 6,2 Millionen war anfangs im November 2001 zu vorsichtig kalkuliert worden. Selbst die dank vermehrter Spon- sorengelder auf 7,85 Millionen Euro stetig gestiegenen Einnahmen

konnten die ausgeuferte Spendierfreudigkeit am Ende nicht ausgleichen. Nur Düsseldorf, vor Hamburg im dritten Wahlgang ausgeschieden, hatte mit 13 Millionen Euro höhere Kosten. Leipzig reichten fünf Millionen zum Sieg.

»Es war eine Entscheidung gegen den Kommerz, für die Emotionen und den Sport. Die Bekenner des Leistungssports haben die Wahl entschieden. Daher sind die Stimmen im letzten Durchgang von Düsseldorf nach Leipzig gewandert«, kritisierte Dirk Lange, damals noch Trainer der Schwimm-Weltrekordlerin Sandra Völker, die Hamburger Bewerbungskampagne. Langes Vorwurf: Es wurden falsche Schwerpunkte gesetzt, es wurde nicht in nachhaltige wie notwendige sportliche Strukturverbesserungen investiert, sondern in teure (Show-)Veranstaltungen, die nur punktuell Wirkung erzielten. Hamburg, so Lange, habe die Sportfunktionäre zum Essen eingeladen, die anderen Bewerberstädte hätten die Entscheider zu Sportveranstaltungen gebeten. »Wer 30 Jahre lang kaum etwas für den Spitzensport tut und seit längerer Zeit in den wichtigsten Spitzengremien des Sports nicht mehr vertreten ist, darf sich nicht wundern, dass er im entscheidenden Moment aus dem Kreis der 32 olympischen Fachverbände nur wenig Zustimmung erfährt«, meinte Clemens Prokop, der Präsident des Deutschen Leichtathletikver-

bandes (DLV). »Die meisten Funktionäre sind schließlich mehr als 20 Jahre dabei und haben alle ihre größtenteils negativen Erfahrungen mit Hamburg gemacht. Auch wenn sich das in den vergangenen zwei Jahren zu ändern begann, die frühere Leistungssportfeindlichkeit der Stadt saß tief in den Köpfen fest. Da nützte auch das beste Konzept nicht. Hamburg wurde für seine einstigen Versäumnisse hart bestraft.«

Die Olympiabewerbung sei bei dem 2001 angetroffenen Zustand des Hamburger Sports und seiner maßgeblichen Organisationen letztlich fünf Jahre zu früh gekommen, glaubt Gerald Wogatzki, Börsenexperte und Leistungssportbeauftragter der Handelskammer, »die neuen sportpolitischen Instrumentarien werden erst in den nächsten Jahren ihre volle Kraft entfalten«. Zudem habe die Kampagne zu stark auf den Kopf gezielt. Dabei sei häufig vergessen worden, auch den Stammtisch zu bedienen, an dem Sportfunktionäre nun mal gern sitzen. Unterstützung, vermehrt in diese Richtung zu agieren, hatte Bewerbungschef Meyer wiederholt abgelehnt oder schlicht ignoriert, bemängelte die Leichtathletin Christiane Krause-Todd, 1972 Staffel-Olympiasiegerin in München. »Ich weiß, wie die Entscheidungsträger ticken, wie sie fühlen, ich wäre an ihre Herzen

Vieles auf den Weg gebracht

herangekommen«, sagte sie. Den Einsatzbefehl, in den inneren Zirkel des deutschen Sports vorzustoßen, erhielt sie aber nicht. Meyer, im November 2002 als persönliches NOK-Mitglied abgewählt, hatte die Stimmungslage draußen im Sportlande offensichtlich falsch eingeschätzt. Ein folgenschwerer Irrtum.

Die Sportstadt Hamburg steht im Jahr nach der gescheiterten Olympiabewerbung dennoch nicht als Verlierer da. Im Gegenteil, vieles scheint auf den Weg gebracht, was mittelfristig die Situation

Auch ohne Olympia: In Hamburg läuft immer noch was: Beim Marathon starteten mehr als 22 000 Läufer, Skater und Rollstuhlfahrer

für Athleten, Vereine und Verbände in dieser Stadt verbessern helfen wird. Die bundesweit einmalige Stiftung Leistungssport, gespeist mit je drei Millionen Euro aus Mitteln der Stadt und der Wirtschaft, wird 2004 erstmals Wirkung zeigen. Kommt der Sportcent hinzu, ein Aufschlag in dieser Höhe auf jede Eintrittskarte bei Bundesligaspielen aller Art, könnten für den Hamburger Sport jährlich bis zu 500 000 Euro zusätzlich abfallen. Die Sportlerbörse, ebenfalls ein nationales Pilotprojekt, vermittelt seit 2002 Talenten und Etablierten sportgerechte Ausbildungs- oder Arbeitsplätze. Auch die Universität wird künftig in Forschung, Lehre und bei der Vergabe von Studienplätzen enger mit den Insti- **Hamburg bleibt Sportstadt** tutionen des Sports wie vornehmlich dem ausge-bauten Olympiastützpunkt am Dulsbergbad (OSP) kooperieren. Dazu kommen längst etablierte Massenveranstaltungen wie der Marathon im April, das Radrennen HEW-Cyclassics Anfang August und der Triathlon Holsten City Man im September,

Die Freezers waren in der Color Line Arena der Hit. 10 800 Zuschauer sahen im Schnitt die Heimspiele der ersten Eishockey-Saison

die Hunderttausende Hamburger an die Straßen locken und Zehntausende zum Mitmachen animieren. »Keine andere deutsche Stadt präsentiert ihren Einwohnern ein vielfältigeres Sportangebot für die Spitze und die Breite«, sagt Hans-Jürgen Schulke, der Direktor des Amtes für Sport.

Die neu gebaute Color Line Arena im Volkspark, die ihre Türen im November 2002 für die Eishockeyspieler der Freezers und die Handballer des HSV öffnete, hat sich zudem in ihrer ersten Saison zum Standortfaktor, wenn nicht gar zur Kultstätte des Hamburger Spitzensports entwickelt – und zum Publikumsmagneten. Mehr als 10 800 begeisterte Zuschauer füllten im Schnitt die Ränge bei den nicht immer erstklassigen Darbietungen der aus München importierten »Gefrierschränke«; die Handballer, die es aus Bad Schwartau nach Hamburg zog, mobilisierten trotz zeitweiligen Abstiegskampfes und anschließendem Mittelmaß rund 6400 Anhänger im Durchschnitt. Mit größeren Etats (rund 4,5 Millionen Euro) und besseren Spielern wollen beide Clubs den gestiegenen Erwartungen des Umfelds entsprechen. »Hamburg duldet auf Dauer kein Mittelmaß«, wissen Handballtrainer Bob Hanning und Freezers-Manager Boris Capla, »spätestens 2005 müssen wir beide um die deutsche Meisterschaft kämpfen.«

Sportlich kamen die HSV-Handballer in der neuen Saison auf Trab; das Interesse an dieser Sportart blieb allerdings vorerst enttäuschend

Die bleibt für die Fußballer des Hamburger SV auch 20 Jahre nach dem bisher letzten Titelgewinn in der Bundesliga vorerst kein Thema. Zwar keimte nach dem ersten Triumph im Ligapokal, nach Erfolgen über Hertha BSC Berlin, Rekordmeister Bayern München und im Finale über Borussia Dortmund Hoffnung auf (noch) bessere Zeiten auf, der Ligastart im August verlief jedoch eher nach dem Motto: »40 Jahre Bundesliga sind genug.« Bei der offiziellen Geburtstagsparty der höchsten Fußballklasse am 24. August in der AOL-Arena zeigten die Bayern dem seit 1963 einzigen ständigen

Bayern-Torwart Oliver Kahn (rechts) war vom HSV nicht zu bezwingen. Naohiro Takahara (links) versucht es hier vergebens (Nr. 5: Robert Kovac)

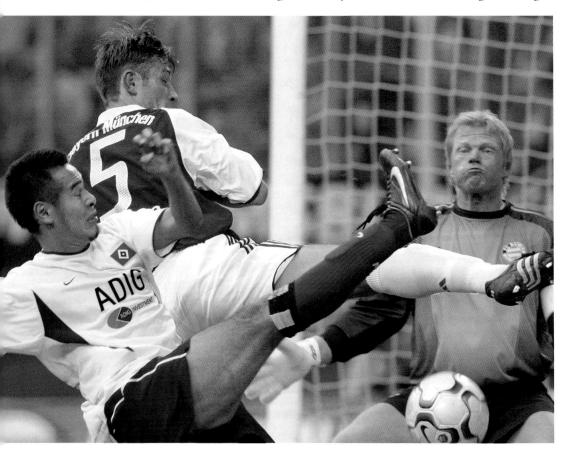

Mitglied der Bundesliga dessen sportliche Beschränktheit schonungslos auf. Nicht die 0:2-Niederlage traf ins Mark, sondern die erschreckende Chancenlosigkeit. Dabei schien der HSV trotz 14,5 Millionen Euro Verlust in der Spielzeit 2002/2003 mit dem Erreichen des UEFA-Pokals wieder an jene historischen Momente anschließen zu können, die vom Frühjahr 2004 an im HSV-Museum in der AOL-Arena in Schrift, Bild und Film dokumentiert werden. Geschichtsträchtig war in der neuen Serie aber allein der Auftakt: Ein Punkt aus fünf Spielen bedeuteten den schlechtesten Saisonstart aller Zeiten. Das Erstrunden-Aus im UEFA-Pokal erhöhte zudem den finanziellen Druck auf den Club.

Sorgen dieser Art hätte sich der FC St. Pauli im Jahr 2003 manchmal gewünscht. Zwar erwies sich die Zweite Liga nach dem vorhergegangenen Abstieg aus der ersten Klasse nur als kurze Zwischenstation auf dem weiteren Weg nach unten, doch an die Existenz des Clubs drohte vielmehr die schleichende Maßlosigkeit auf der Ausgabenseite zu gehen. Als der im Dezember 2002 angetretene neue Präsident, der Theaterdirektor Corny Littmann (Schmidt's Tivoli), nach Entlassungen und Einstellungen auf der Geschäftsstelle und Begleichung vieler (alter) Forderungen und Abfindungen erschrocken Bilanz zog, war dem Club nicht nur kompetentes Personal, sondern auch jede Menge Geld abhanden gekommen. Selbst für die Lizenz in der Regionalliga Nord fehlten St. Pauli plötzlich die vom Deutschen Fußball-Bund geforderten liquiden Mittel, insgesamt 1,95 Millionen Euro. Es war an der Zeit, Solidarität zu zeigen. Die Hamburger, und nicht nur sie, erwiesen

Corny Littmann übernahm im Dezember 2002 den FC St. Pauli

103 000 Retter-T-Shirts verkaufte St. Pauli. Gesamtbilanz der Retter-Aktionen: 1 647 737 Euro

*Auch Bayern-Manager
Uli Hoeneß gehörte zu
den Rettern*

*St.-Pauli-Trainer Franz
Gerber formte schnell ein
gutes Team*

sie reichlich, weil der FC St. Pauli trotz aller soziokultureller Wandlungen (bis hin zum CDU-Bürgermeister und McDonald's) für sie stets mehr als ein Fußballverein war, ein Lebensgefühl eben. Fast 103 000 Retter-T-Shirts gingen vom 31. Mai an für 15 Euro über die Theke, und jedes Mal blieben zehn Euro für den klammen Club zurück. Die Stadt Hamburg kaufte für 720 000 Euro das vereinseigene Trainingsgelände am Brummerskamp. Bayern München spielte kostenlos am Millerntor vor, was weitere 271 112 Euro in die Kassen brachte und den Münchnern und ihrem Manager Uli Hoeneß Hunderttausende Sympathien in der Stadt. Dazu kam der Dauerkartenverkauf: 11 500 wollten ein Saisonticket für die dritte Liga! Zum kompletten Glück fehlte Trainer Franz Gerber zum Saisonbeginn nur noch eine gute Mannschaft. Denn um Punkte kann man selbst in der Regionalliga nicht betteln.

Überhaupt wurde 2003 das Hamburger Sportjahr der großen Rettungsaktionen. Dem ohnehin finanziell angeschlagenen deutschen Footballmeister Blue Devils entglitt das Ei endgültig in die Insolvenz, Spender und potenzielle Sponsoren hielten den Spielbetrieb jedoch bis zum finalen Touchdown, der zum vierten Titelgewinn führte, aufrecht. Und am Rothenbaum mussten im Mai Boris Becker und Michael Stich wieder zum Tennisschläger und in den Erinnerungsfundus greifen, um dem letzten deutschen Traditionsturnier neues, unterhaltsameres Leben einzuhauchen. Nach dem letzten Matchball blieben trotz insgesamt 124 000 Zuschauer fast zwei Millionen Euro Minus übrig, die sich Becker, seine Partner, der Deutsche Tennisbund (DTB) und die Stadt Hamburg mit einer Ausfallbürgschaft über 750 000 Euro teilten. Becker und seine Crew wollen nach einem neuen Vertragsabschluss mit dem DTB dennoch weitermachen bis mindestens 2006. »Tennis bleibt für viele Unternehmen ein interessantes Produkt«, glaubt Turnierdirektor Walter Knapper, »und Hamburg ist der richtige Standort dafür.« Was 2004 zu beweisen wäre.

Sie reden und trainieren wieder miteinander: Boris Becker (links) und Michael Stich

Solidarität mit dem Rothenbaum: Turnier-Direktor Walter Knapper, Bürgermeister Ole von Beust, Michael Stich und Boris Becker

uch in eine neue Ära:
Hamburgs Hochschulen

Protest mit ausgenommener Forelle: »So aalglatt und eiskalt«, wetterte Studentenvertreter Bela Rogalla mit einem toten Fisch in der Hand, wolle Gutachter Klaus von Dohnanyi (links) Tausende Studienplätze in Hamburg streichen – und die Hamburger Universität für Wirtschaft und Politik (HWP) gleich mit. Sie soll nach den Plänen von Wissenschaftssenator Jörg Dräger (2. von links) mit den Bereichen Sozial- und Wirtschaftswissenschaften der Universität Hamburg fusionieren.

Christoph Rind Ein bildhafter Protest: Fischköpfe vom Zuchtlachs und eine ausgenommene Forelle, zwar frisch und deshalb schwach im Geruch, kippte Studentenvertreter Bela Rogalla von der Hamburger Universität für Wirtschaft und Politik (HWP) im Saal 151 des Rathauses auf den Tisch und wetterte: »So aalglatt und eiskalt« wie diese Mitbringsel wolle Klaus von Dohnanyi Studienplätze in Hamburg streichen und die bewährte HWP plattmachen. Dohnanyi antwortete erregt auf das »typisch undemokratische Verhalten«. Zumal Rogalla nur Zutritt in den Rathaussaal bekommen hatte, weil er ihm, Dohnanyi, zuvor versprochen hatte, hier keine Protestaktion zu starten.

Die Stimmung ist gereizt. Denn mit der Hamburger Universität für Wirtschaft und Politik (HWP) verliert Hamburg eine Hochschule, die es in besonderer Weise verstanden hat, ihre Studierenden für sich zu gewinnen. Die HWP ist das prominenteste Opfer der Hochschulreform. Aber Hamburgs gesamte Hochschullandschaft steht vor dem Umbruch. Noch niemals zuvor sind in so kurzer Zeit so viele Änderungen auf die sechs staatlichen Hochschulen Hamburgs

Klaus von Dohnanyi, Chef der Gutachterkommission, will Hamburgs Hochschullandschaft neu formen

zugekommen. Der Senat hat sie 2003 beschlossen und in seinen so genannten Leitlinien verankert. Die wichtigsten Veränderungen: Die Hamburger Universität für Wirtschaft und Politik – von den Gewerkschaften einst als Akademie des zweiten Bildungswegs gegründet – wird als eigenständige Hochschule aufgelöst. Ihr Angebot fließt ein in die Fachbereiche Wirtschaftswissenschaften und Sozialwissenschaften der Universität – in einer neuen Fakultät unter dem Dach der Universität. Alle Fächer der sechs staatlichen Hochschulen werden in 13 Sektionen (oder Fakultäten) neu organisiert. Sie sollen weitgehend selbstständig agieren, aber innerhalb einer der bestehenden Hochschulen verankert sein. Die Technische Universität Hamburg-Harburg (TUHH) und die Hochschule für Musik und Theater stellen jeweils eine eigene Sektion dar. Die Uni bildet sechs Fakultäten. Die Hochschule für bildende Künste (HfbK) soll sich als »Trägerin einer exzellenten künstlerischen Ausbildung profilieren«, so Hamburgs Wissenschaftssenator Jörg Dräger. Ungeklärt ist noch der Verbleib der Architektur- und Baufächer von HfbK und Hamburger Universität für Angewandte Wissenschaften (HAW, die frühere Fachhochschule). Die Zahl der Studienanfänger wird von 11 350 auf 9600 verringert. Dennoch soll die Zahl der Absolventen steigen: von 6100 auf 6760. Das Konzept: Das Studium wird kompakter, die Betreuung durch Dozenten und Professoren soll intensiver, die Zahl der Studienabbrecher deutlich gesenkt werden.

HWP-Präsidentin Dorothee Bittscheidt fürchtet um die einzigartige Identität ihrer renommierten Hochschule des Zweiten Bildungsweges

Die Allgemeinen Studierendenausschüsse (ASten) der Hamburger Hochschulen kritisieren vielfach die Eckpunkte dieser tief greifenden Hochschulreform. Alexander Haack vom Uni-AStA sieht die Universitäten auf dem Weg zu »unwissenschaftlichen Ausbildungsstätten«. Die Opposition trägt den Kurs grundsätzlich mit. Barbara Brüning, die hochschulpolitische Sprecherin der SPD-Fraktion, nennt die Grundzüge der Reform »richtig«, schränkt aber ein: »Sie sollte

Die HWP wird »abgeschliffen«

jedoch mit und nicht gegen die Hochschulen stattfinden.« Deshalb trage die SPD die Entscheidung, »die HWP in einem Mammutfachbereich mit 10 000 Studierenden untergehen zu lassen«, nicht mit. Brüning: »Hier soll eine kleine Hochschule mit einem besonderen Profil und einer hohen Erfolgsquote einfach abgewickelt werden.« HWP-Präsidentin Dorothee Bittscheidt zeigte sich enttäuscht. Schließlich seien alle Empfehlungen der Kommission so nah an dem Konzept, das ihre Hochschule seit Jahren mit Erfolg praktiziere, dass sie die Entscheidung, die kleine HWP mit wesent-

Bildhafter Protest von Studenten, die »an ihrer HWP hängen«

lich größeren Strukturen wie den Wirtschaftswissenschaften der Uni zusammenzulegen, nicht verstehen könne. Sie befürchtet, die HWP werde dabei »abgeschliffen, weil sich die Uni-Kollegen noch nicht in diese Richtung entwickelt haben«.

Ein Konflikt zwischen Politik und Hochschule, der eine gewisse Symbolkraft hat. Hamburg und seine Hochschulen – dieses Verhältnis war noch nie von allzu großer Zuneigung geprägt, eher von einer distanzierten Skepsis, und zwar auf beiden Seiten. Die Bürgermeister, die Senatoren und die Bürgerschaftsabgeordneten sahen und sehen auch heute die Hochschulen eher als Kosten- denn als Wirtschaftsfaktor, der für Umsatz und beträchtliche Steuereinnahmen sorgt. In den klassischen deutschen Universitätsstädten wie Heidelberg, Freiburg oder Münster rechnen die Stadtväter fleißig nach, dass ihnen jeder Studienplatz rund 10 000 Euro im Jahr an Geldfluss bringt. Der Stadtstaat Hamburg, der nicht nur Kommune, sondern auch Bundesland ist, schaut dagegen vorrangig auf die Kosten, die eine Hochschule im Länderhaushalt verursacht. Das Gefühl gegenseitiger Skepsis zwischen Politik und Hochschule hat im

Senator Jörg Dräger (rechts) mit dem blauen Buch zur »Strukturreform für Hamburgs Hochschulen«.
Auf 122 Seiten hat Klaus von Dohnanyi die Vorschläge seiner Expertenkommission zusammengestellt und das Werk im Januar vorgelegt

Jahr 2003 einen wohl historischen Höhepunkt erklommen. Denn niemals zuvor hat ein für Wissenschaft und Forschung verantwortlicher Senator so forsch, so tief greifend, aber auch so gründlich in Abläufe und Organisationsformen der Hochschulen eingegriffen wie der Youngster unter den Senatoren, der in Hamburg und in den USA ausgebildete Jörg Dräger, geboren am 1. Januar 1968, einer der seltenen Politiker ohne ein Parteibuch.

Vor dem Rathaus im August: nackter Widerstand der Studenten gegen eine Fusion der HWP mit der Uni. Der Senat hat die Zusammenlegung beschlossen

Das Hauptgebäude der Uni Hamburg mit den beiden vom Stifter-Ehepaar Greve finanzierten Flügelbauten

Das Ende der goldenen Zeiten

Er hatte im Herbst 2001 das Amt von der auch bundesweit als Grünen-Politikerin bekannten Krista Sager übernommen. Sie hatte die ersten Reformschritte eingeleitet, zaghaft und getrieben von den Sparerfordernissen eines Haushalts, dessen Ausgaben sich immer weiter von den Einnahmen entfernt hatten. Auch den Hochschulen, allen voran die Universität, mit 40 000 Studierenden die mit Abstand größte akademische Ausbildungsstätte Hamburgs, muss seit mindestens zehn Jahren klar gewesen sein, dass die finanziell goldenen Zeiten vorbei sind. Doch all den Streichungen im Etat der vergangenen 15 Jahre sind die in den Hochschulen Verantwortlichen nicht mit einem langfristigen Konzept begegnet, sondern haben meist versucht, schmerzhafte Eingriffe möglichst gleichmäßig innerhalb der Hochschulen zu verteilen. Frei werdende Stellen wurden vielfach nicht mehr besetzt, notwendige Ausgaben auf unbestimmte Zeit verschoben, aber die Zahl der Studenten wurde nicht der verringerten Ausstattung angepasst. Die Politik war gleichzeitig bemüht, sich aus den konkreten Folgen ihrer Beschlüsse herauszuhalten, und überließ es den Hochschulen, die Konsequenzen zu tragen. Die Folge: Bei einem Vergleich der norddeutschen Hochschulen fiel die Hamburger Universität auf wegen ihrer notorischen Unterausstattung. Hinzu kam ein hausgemachtes Problem. In den siebziger Jahren hatten Hamburg und Bremen – damals als Reformschritt gefeiert – alle Assistenten in den Professorenstand erhoben. Im Titel ebenbürtig, ließ man ihre Besoldung (C2) eine Gehaltsstufe unter den C3- oder C4-Professoren mit einem eigenen Lehrstuhl. An dieser Massenbeförderung leidet die Universität heute noch, jedenfalls beim Vergleich mit anderen Hochschulen. Denn den »echten« (C3-, C4-) Professoren hatte man mit dieser Reform die Assistenten genommen. Noch heute weisen die Statistiken die Universität als unterversorgt mit Assistenten aus. Ein Notstand, auf den die Universitätsleitung gern hinweist, ohne jedoch die eigentliche Ursache zu benennen – und die Kehrseite: Die Ausstattung mit Professorenstellen ist durchaus konkurrenzfähig.

Die Folgen einer jahrzehntelang kleinteilig betriebenen Hochschulpolitik wollte Wissenschaftssenator Dräger jedoch nicht konsequenzlos hinnehmen. Zwar lassen sich die Fehler der Vergangenheit nicht mit einem Streich beiseitewischen, schon gar nicht an Hochschulen, die mit ihren zahlreichen Selbstverwaltungsgremien auf allen Ebenen manches zu verschleppen oder zu blockieren verstehen und geübt darin sind, Umstrittenes in Unterausschüsse und Sondergremien zu verweisen. Die Hochschulleitungen stehen in einem dop-

Rücktritt: HAW-Präsident Hans-Gerhard Husung (links) bekam für seine Reformvorschläge keine Mehrheit in der eigenen Hochschule. Neben ihm: DESY-Chef Albrecht Wagner

Uni-Präsident Jürgen Lüthje trägt einen Großteil der vom Senat geplanten Hochschulreform mit

*Die Studierenden wollen
mehr Mitbestimmung
beim Reformprozess*

pelten Dilemma: Sie müssen einerseits von der Politik verordnete Schmerzbeschlüsse umsetzen, andererseits sind sie als von den Hochschulgremien Gewählte nicht mit der Unabhängigkeit eines Unternehmenschefs ausgestattet, sodass sie ständig das Problem haben, Kürzungen nach innen rechtfertigen zu müssen. Der Präsident der Hochschule für Angewandte Wissenschaften Hamburg, Hans-Gerhard Husung, hat bei diesem Spagat seinen Posten verloren. Das Reformpapier, das er seinen Gremien vorlegte, lehnten diese rigoros ab, woraufhin er seinen Rücktritt zum 30. Juni 2003 vollzog, knapp zwei Jahre vor Vollendung seiner vierjährigen Amtszeit. Senator Dräger lobte bei der Verabschiedung Husungs dessen »engagierte Arbeit« und die Erfolge seit dem Amtsantritt 2000. So war die HAW als »Reform-Fachhochschule« des Stifterverbandes

ausgezeichnet worden. In seinem Umfeld, dem politischen Senat, fand Dräger die erforderliche Unterstützung. Der Elan, mit dem sich der Parteilose auch in die Details der Wissenschaftspolitik einarbeitet, hat ihm vielfach Respekt eingebracht. Die Analyse, Stichwort: Unterversorgung der Hamburger Hochschulen, war Dräger schnell gelungen, zumal es hierbei auch kaum zu Differenzen mit den Betroffenen kommen konnte.

Weitaus schwieriger wird es jedoch bei der Problembekämpfung. Und so verfiel der Politikneuling auf eine Idee, die letztlich beiden Seiten, Politik und Hochschulen, einen Vorteil einbrachte, der Politik aber erst die Handlungsvollmacht verschuf, den Reformkurs ohne allzu großen Widerstand umzusetzen. Dräger bot den fünf Präsidenten und der einen Präsidentin der staatlichen Hamburger Hochschulen einen Pakt an, den er sich im so genannten »Letter of intent« (Absichtserklärung) besiegeln ließ. Er sicherte, versehen mit der Unterschrift des Finanzsenators, den Hochschulen den Etat des Jahres 2002 für insgesamt fünf Jahre zu und ließ sich sogar als Zugabe noch einen Inflationsausgleich abhandeln. Angesichts der dramatischen Entwicklung der öffentlichen Finanzen in den vergangenen 15 Monaten war dieses Übereinkommen im Nachhinein ein goldener Handschlag für die Hochschulen, den sie schon

Uni-Etat für drei Jahre gesichert

wenige Wochen später nicht mehr hätten durchsetzen können.

Uni-Präsident Jürgen Lüthje hatte dies früh erkannt. In dem Letter of intent gehe es »um die Zukunftsfähigkeit unserer Universität«. Trotz der Kritik der Studenten an seiner Unterschrift sei er »überzeugt, dass ich im Interesse aller Studierenden gehandelt habe«. Lüthje weiter: »Auch wenn die Vereinbarung bei weitem nicht alle Erwartungen erfüllt, die wir von einer politischen Wissenschafts-

und Bildungsoffensive erwarten, stellt der Zukunftspakt doch einen Erfolg dar: Unser Haushalt ist trotz sinkender Steuereinnahmen für die nächsten drei Jahre gesichert. Weitere Einsparungen schließt der Zukunftspakt aus. Dies ist die beste Situation seit zehn Jahren.«

Als Preis für die finanziellen Zugeständnisse bekam Dräger die Unterschrift der Hochschulchefs unter sein Papier, in dem diese mit ihm die Umsetzung der von einer unabhängigen Kommission vorgeschlagenen Reformschritte vereinbarten.

Zwar glaubte Uni-Präsident Lüthje da noch, »die Expertenkommission, die alle Hochschulen und die Hochschulpolitik begutachten soll, wird zu dem Ergebnis kommen, dass die Stadt mehr Geld in Wissenschaft investieren muss«. Doch dies erwies sich als etwas zu optimistisch.

Mit dem Letter of intent wusste noch niemand, was die Expertenkommssion an Reformschritten vorschlagen würde. Ja, sogar die Besetzung dieses Gremiums, das Hamburgs größte Veränderung der Hochschullandschaft vorbereiten sollte, stand zu diesem Zeitpunkt noch nicht fest. Und von der Auswahl dieser Gut-

Klaus von Dohnanyi oberster Gutachter

achter hing nicht zuletzt auch die Akzeptanz des Gremiums ab. Senator Dräger hatte von den Hochschulchefs Vorschläge entgegengenommen. Seine Auswahl fand eine breite Zustimmung. Die Leitung des Gutachtergremiums übertrug er dem ehemaligen Hamburger Bürgermeister Klaus von Dohnanyi (75), der schon in der Regierung Willy Brandts als Bildungsminister berufen worden war. Gerade diese geschickte Personalauswahl nahm allen möglichen Vorwürfen, die Mitte-rechts-Regierung Hamburgs konzentriere sich auf Experten aus dem eigenen Lager, den Wind aus den Segeln. Senator Drägers Auftrag an die Gutachter: Hamburgs Hochschullandschaft so umzuorganisieren, dass sie unter den gegebenen finanziellen Voraussetzungen eine optimale Ausbildung anbieten können. Die Ressourcen sollten hochschulübergreifend analysiert, Doppelangebote beseitigt und inhaltlich nahestehende Fächer zusammengelegt werden. Außerdem war bei den Veränderungsvorschlägen zu berücksichtigen, dass die Länder der Europäischen Union sich bereits 1999 in Bologna (»Bologna-Abkommen«) verpflichtet hatten, den Wirrwarr nationaler Hochschulabschlüsse zu beseitigen und stattdessen vergleichbare Studienexamina anzubieten: den Bachelor als

Regelabschluss nach sechs bis acht Semestern und darauf aufbauend den Master, der wiederum für weiter gehende Studien, etwa zur Promotion, berechtigt.

So kam es, dass neben der Hamburger Lösung, die eigenen Hochschulen umzuorganisieren, auch die Umsetzung dieses europaweiten Beschlusses gleich mitberücksichtigt werden konnte. Mit der Konsequenz, mit der Dohnanyi diese Bachelor-Master-Struktur in seine Vorschläge einbaute, hatten die Hochschulen offensichtlich

nicht gerechnet. Die Diplom- und Magisterstudiengänge sollen mit der flächendeckenden Einführung der neuen Abschlüsse abgeschafft werden. Dahinter steht auch die Forderung, den Studienaufbau und die Inhalte der neuen Form anzupassen. Dies bedeutet auf jeden Fall eine Verschulung der universitären Ausbildung.

Die Hochschulen vor dem Scheideweg: In den kommenden zehn Jahren sollen die Leitlinien Schritt für Schritt umgesetzt werden. Die Ziel des Senators: strukturelle Defizite beseitigen, Hochschulen und die Metropolregion stärker miteinander verzahnen und neue Spielräume für Qualitätssteigerungen und Innovation schaffen. Die Zukunft wird zeigen, ob das gelingt.

Wie geht's weiter mit Hamburgs Hochschulen? Und wo bleibt die Verantwortung der Wirtschaft? Verschlechtert sich die Lage, bekommen Hochschulabsolventen kaum noch Arbeit, bemängelt AStA-Sprecher Stefan Fichtel (l.)

Hamburger
Chronik 2003

Seit Ende Oktober hat Hamburg das modernste Sternentheater der Welt. In der 21-Meter-Kuppel des umgebauten Planetariums lädt der funkelnde Nachthimmel zum Gang durch fremde Galaxien. Die Weltallsimulation im Stadtpark soll 200 000 Besucher jährlich in den Bann ziehen. Auch in der Kulturlandschaft könnte das Planetarium leuchten – die Kulturbehörde hat den Umbau mit acht Millionen Euro unterstützt. Außerdem kann jeder Sternenpate werden und sich im Eingangsbereich verewigen lassen. Es sollten sich genügend Förderer finden – schließlich ist Hamburg Stiftungshauptstadt Nummer eins.

NOVEMBER

2. NOVEMBER Mehr als 500 Hamburger ziehen auf einem so genannten Bettlermarsch durch die Innenstadt, um gegen die Sozialpolitik des Senats zu protestieren: gegen Einschränkungen in der Armenhilfe, die Kriminalisierung Obdachloser und die Vertreibung unerwünschter Menschen aus der City. Auch Mitglieder der Bauwagenszene nutzen den Demonstrationszug, um auf ihre Situation aufmerksam zu machen. Der Senat will sämtliche Bauwagenplätze der Stadt bis 2005 räumen lassen.

3. NOVEMBER Riesenapplaus für die Premiere des Musicals »Mamma Mia!« im Operettenhaus: Die Zuschauer – unter ihnen

Ursache heftiger Auseinandersetzungen: der Bauwagenplatz Bambule im Karolinenviertel

Zur Premiere am 3. November im Operettenhaus bejubeln junge und jung gebliebene ABBA-Fans das Musical »Mamma Mia!«

viel Prominenz aus ganz Deutschland – tanzen, klatschen und singen die beliebten Songs der schwedischen Popgruppe ABBA mit. Hamburg bleibt der deutsche Musicalstandort Nummer eins.

4. NOVEMBER Vier Tage nach Verstreichen der Räumungsfrist verlassen die Bewohner des Bauwagenplatzes Bambule im Karolinenviertel widerstandslos das Gelände, nachdem die Polizei mit mehreren Hundertschaften und schweren Räumfahrzeugen angerückt ist. Danach ziehen rund 400 Bewohner und Sympathisanten in einer Spontandemonstration zum Grindelviertel und legen den Verkehr in weiten Teilen der Stadt lahm.

■ 415 Meisterinnen und Meister sowie 363 Absolventen der Technischen Universität Harburg erhalten im Hamburger

Michel ihre Urkunden. Zum siebten Mal feiern Handwerker und Ingenieure ihren Abschluss gemeinsam.

5. NOVEMBER Mit einem festlichen Empfang im Kaisersaal des Rathauses ehrt der Senat eine 200-jährige hanseatische Institution: das Wäschehaus Möhring. Wirtschaftssenator Gunnar Uldall (CDU) feiert das Traditionshaus in seiner Laudatio als Beispiel für die Überlebensfähigkeit eines Einzelhandelsgeschäfts – in guten wie in schlechten Zeiten.

■ Ingo Schultz, der Europameister über 400 Meter, kehrt nach zwei Jahren von Dortmund nach Hamburg zurück. Bis zum Jahr 2004 wird er wieder für die TSG Bergedorf starten. Die finanziellen Mittel streckt die Hamburger Olympiabewerbungs-GmbH vor, bis ein Sponsor gefunden ist.

■ Laut eines Briefs der Staatsanwaltschaft an den früheren Altonaer Bezirksamtsleiter Uwe Hornauer (SPD) vom 28. Oktober 2002 sind die rechtlichen Ermittlungen gegen Hornauer mangels »tatsächlicher Anhaltspunkte für verfolgbare Straftaten« eingestellt. Auch die Justizbehörde hat die disziplinarischen Ermittlungen eingestellt. Hornauer war vom Altonaer Bezirksparlament für eine zweite Amtszeit gewählt worden, doch der Senat hatte seine Ernennung verweigert, weil der Verwaltungsbeamte missbräuchlich Einfluss auf das Grundstücksgeschäft seiner Lebensgefährtin genommen haben soll.

7. NOVEMBER Als Reaktion auf die Räumung des Bauwagenplatzes Bambule kommt es auf St. Pauli zu gewalttätigen Demonstrationen. Randalierer liefern sich mit mehr als 400 Polizisten heftige Auseinandersetzungen. Die Bilanz: sieben Festnahmen, 56 Ingewahrsamnahmen, ungezählte leicht Verletzte, darunter fünf Beamte.

8. NOVEMBER Punkt zwölf Uhr eröffnen Bürgermeister Ole von Beust (CDU) und der finnische Investor Harry Harkimo

150 Meter lang, 110 Meter breit, 33 Meter hoch: Die Color Line Arena ist Europas modernste Multifunktionshalle

im Rahmen eines Festakts mit 1000 Gästen die Color Line Arena, Europas modernste Multifunktionshalle. Der Abend gehört den Stars. Zum ersten Mal seit 20 Jahren gastiert Phil Collins in der Stadt. Ebenfalls bei dem »Grand Opening« dabei: Sasha und Wonderwall – und natürlich die 13 000 Zuschauer.

■ Reenald Koch erklärt, dass er zum 31. Dezember 2002 als Präsident des FC St. Pauli zurücktreten wird. Gründe seien nicht der verzweifelte Kampf der Mannschaft gegen den Abstieg in die Regionalliga

Katja Riemann tanzt in »Ein Stück vom Himmel«, einer Hommage an das Vermächtnis jüdischer Komponisten, die am 11. November in den Kammerspielen Premiere feiert

oder die Intrigen im Verein, sondern allein persönliche, berufliche Motive.

11. NOVEMBER 4000 Menschen ziehen mit Fackeln und Laternen durch die Hamburger Innenstadt, um gegen die Bildungspolitik des Senats zu protestieren und dem Schulsenator »zur Erleuchtung zu verhelfen«. Kritikpunkt von Lehrern, Eltern und Schülern sind insbesondere die Kürzungsmaßnahmen, zum Beispiel die Streichung von 345 Lehrerstellen.

■ In Zukunft wird die Hamburger Polizei mit privaten Sicherheitsunternehmen kooperieren. Die Firmen sollen Beamte bei Öffentlichkeitsfahndungen unterstützen und sind dafür dann über eine zentrale Leitstelle für die Polizei erreichbar.

12. NOVEMBER Die Hamburger Kunsthalle bekommt das bedeutende Gemälde »Hülltoft Hof« von Emil Nolde geschenkt – und das bereits zum zweiten Mal. Der Hamburger Unternehmer und Mäzen Alfred Voss hatte das Werk schon 1934 für die Kunsthalle gekauft. Als die Nazis 1937 Noldes Kunst als »entartet« diffamierten, wurde das Gemälde zunächst an einen norwegischen Händler verkauft. Im Juli dieses Jahres tauchte das Bild auf einer Berliner Auktion auf. Die Erben von Alfred Voss ersteigerten es für rund zwei Millionen Euro und schenkten es der Hamburger Kunsthalle.

■ Mit einem bundesweit einmaligen Konzept will der Senat die Korruption in den Behörden stoppen. Dazu werde man verstärkt auf Aussagen von Zeugen im Rahmen einer »kleinen Kronzeugenregelung« setzen. Aussagebereite Mitarbeiter, die selbst in Korruption verstrickt sind, könnten auf diese

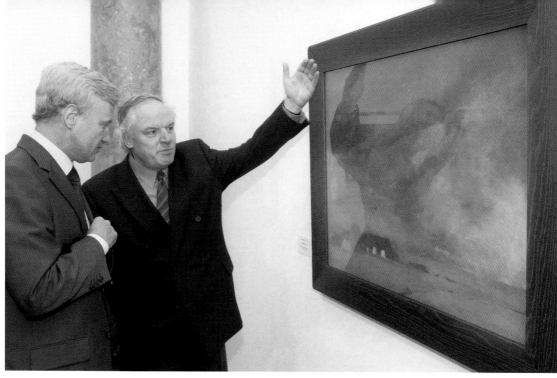

Kunsthallen-Direktor Prof. Uwe Schneede (r.) zeigt Bürgermeister Ole von Beust Emil Noldes Gemälde »Hülltoft Hof«, das die Kunsthalle zum zweiten Mal geschenkt bekommen hat

Weise von disziplinarischen Maßnahmen verschont bleiben.

■ Fast 14 000 Zuschauer sehen in der Color Line Arena das erste Heimspiel der Freezers. Und die zeigen sich von der grandiosen Kulisse der ausverkauften Halle so beflügelt, dass sie den deutschen Eishockeymeister und Tabellenführer Köln mit 5 : 4 besiegen.

■ Knapp 20 Gegner des Castor-Atommülltransports aus der linken Szene randalieren in der Osterstraße und richten einen Sachschaden von mehreren Hunderttausend Euro an. Als die Polizei eintrifft, flüchten die Täter.

14. NOVEMBER Der »Tag der Weltreligionen«, der erstmals in Deutschland stattfindet, stößt bei den Hamburgern auf großes Interesse. Schon am Vormittag kommen 4000 Besucher in die zehn Gotteshäu-

ser, die geöffnet haben: die Synagoge, zwei Moscheen, das muslimische Alevitische Zentrum, ein Hindutempel, drei christliche Kirchen, das Tibetische Zentrum und das Haus der Bahá'i-Religion. Die Veranstaltung soll ein Signal für den Dialog zwischen den Weltreligionen setzen. Denn die großen politischen Fragen, so Bischöfin Maria Jepsen, seien ohne die Einbeziehung der Religionen nicht lösbar.

■ Ein erst zwölf Jahre alter Junge soll einen 26-Jährigen mit einem Butterflymesser lebensgefährlich verletzt haben. Sven P., das spätere Opfer, trifft im Harburger Hirschfeldpark auf seine ehemalige Freundin, deren neuen Lebensgefährten und dessen Sohn. Es kommt zum Streit, der schnell in einem Handgemenge eskaliert. Als der Vater des

Werner Otto, Gründer des Otto Versands, fühlt sich noch immer der Gesellschaft verpflichtet

Jungen massiv attackiert wird, greift der Zwölfjährige zu seinem Messer und sticht auf den Angreifer ein.

15. NOVEMBER Das hochansteckende Norwalk-Virus, das starken Brechdurchfall auslöst, breitet sich in Hamburg aus. Bisher gibt es elf Ausbrüche der Infektion in Hamburger Gemeinschaftseinrichtungen wie Kliniken, Kindertagesstätten und Seniorenheimen. Mehr als 500 Menschen sind bereits an der Magen-Darm-Infektion erkrankt.

■ Werner Otto, der Hamburger Versandhandelsgründer und Mäzen, wird für sein Lebenswerk geehrt. Er erhält den erstmals vergebenen Preis Soziale Marktwirtschaft der Konrad-Adenauer-Stiftung. Die CDU-Vorsitzende Angela Merkel würdigt den 93-Jährigen bei einer Festveranstaltung in Berlin als »Titan der Marktwirtschaft«.

■ Nach rund 40 Jahren Verhandlungen ist der dauerhafte Verbleib des Gemäldebestandes der Philipp-Otto-Runge-Sammlung in der Kunsthalle gesichert. Bürgermeister Ole von Beust gibt als turnusgemäßer Vorsitzender des Stiftungsrats der Kulturstiftung der Länder (KSL) bekannt, dass die KSL den Erwerb mit 1,7 Millionen Euro unterstützt. Der Gesamtpreis beträgt rund 5,1 Millionen Euro, die Kulturbehörde übernimmt davon 800 000 Euro, den Rest sollen Hamburger Stiftungen aufbringen.

■ Bei einem Feuer in einem der Grindelhochhäuser werden fünf Menschen verletzt, unter ihnen eine 102 Jahre alte Frau. Eine offenbar psychisch kranke Bewohnerin soll den Brand verursacht haben.

16. NOVEMBER Nach einer friedlichen Demonstration von 3000 Sympathisanten der ehemaligen Bewohner des Bauwagenplatzes Bambule kommt es im Karolinenviertel zu schweren Ausschreitungen. Die Polizeibeamten gehen mit Schlagstöcken und Wasserwerfern gegen mehrere Hundert Autonome vor, die Steine und Flaschen werfen. 16 Personen werden festgenommen. Wenige Tage danach wird bekannt, dass bei dem Schlagstockeinsatz der Polizei auch zwei Zivilfahnder aus Schleswig-Holstein schwer verletzt worden sind, obwohl sie sich mit dem vereinbarten Kennwort zu erkennen gegeben hatten.

18. NOVEMBER Bürgerschaftspräsidentin Dorothee Stapelfeldt (SPD) werden von den Initiatoren der ersten Volkspetition Listen mit mehr als 42 000 Unterschriften gegen die Schulpolitik des Senats überreicht. Die Petition fordert die Rücknahme der Sparbeschlüsse in diesem Bereich. Die Bürgerschaft ist nun verpflichtet, das Thema auf ihre Tagesordnung zu setzen. Das 1996 geschaffene Instrument der Volkspetition wird damit zum ersten Mal genutzt.

19. NOVEMBER Nach dem Heimspiel des FC St. Pauli versammeln sich rund 1000 Menschen an der Feldstraße, um gegen die Räumung des Bauwagenplatzes Bambule zu demonstrieren. Sie melden einen Aufzug an, halten sich aber nicht an die verabredete Route, und es kommt zu einer Straßenschlacht zwischen Demonstranten und Polizei. Augenzeugen berichten, die Beamten seien zum Teil brutal vorgegangen und hätten auch auf Unbeteiligte eingeschlagen. Selbst aus der Polizei gibt es Kritik an der harten Einsatzführung. Die Oppositionsparteien SPD und GAL werfen Innensenator Schill (Schill-Partei) vor, den Widerstand der Demonstranten durch unnötige Härte geradezu zu provozieren.

▨ Der Rosengarten in Planten un Blomen ist gerettet. Bausenator Mario Mettbach (Schill-Partei) lehnt den vom Congress Centrum Hamburg (CCH) gewünschten Bau einer Mehrzweckhalle an dieser Stelle ab. Die Erweiterungspläne des CCH auf Kosten des bei Hamburgern und Touristen sehr beliebten Rosengartens hatten in der Bevöl-

Der Rosengarten in Planten un Blomen: Ausgerechnet hier wollte die Geschäftsführung des CCH eine Mehrzweckhalle bauen

Neuer Erzbischof für Hamburg: Werner Thissen verspricht »ökumenische Offenheit«

falenhalle besiegt Schwergewichtsboxprofi Witali Klitschko aus dem Hamburger Universum-Stall den Amerikaner Larry Donald durch technischen K. o. in der zehnten Runde. Mit dieser Verteidigung seines Titels »Internationaler Meister« des Verbandes WBA ist der Weg frei für den Kampf gegen WBC-Weltmeister Lennox Lewis.

25. NOVEMBER Mit einer Trauerfeier in der St.-Michaelis-Kirche nimmt Hamburg Abschied von seinem Ehrenbürger Rudolf Augstein. 2500 Persönlichkeiten aus Politik, Wirtschaft, Medien und Kultur erweisen dem Gründer und langjährigen Herausgeber des »Spiegels« die letzte Ehre. Augstein war am 7. November im Alter von 79 Jahren gestorben.

Zum Abschied auf dem Titel: »Spiegel«-Gründer Rudolf Augstein

kerung großen Protest hervorgerufen. Trotzdem besteht sowohl im Bezirk als auch im Senat Einigkeit, dass das CCH ausgebaut werden muss.

22. NOVEMBER Der Münsteraner Weihbischof Werner Thissen wird neuer Erzbischof von Hamburg. Er wurde von Papst Johannes Paul II. zum Nachfolger von Ludwig Averkamp berufen, der sein Amt im Februar aus Altersgründen niedergelegt hatte. Werner Thissen wird sein Amt am 25. Januar 2003 antreten.

23. NOVEMBER Unter dem Jubel von 10 400 Fans in der Dortmunder West-

Die Schriftstellerin Christa Wolf wird im Großen Festsaal des Rathauses mit der Plakette der Freien Akademie der Künste für das Jahr 2001 ausgezeichnet. Die höchste Auszeichnung der Akademie wird jährlich an Mitglieder für herausragendes künstlerisches Wirken vergeben. Der Hamburger Publizist Fritz J. Raddatz würdigt Christa Wolf als »eine poetische Chronistin eines Staates, der im Westen … mit schwammig-abwertenden Begriffen wie Phänomen oder ehemalige DDR belegt« worden sei. Die Ehrenplakette 2002 erhält als einer der bedeutendsten Musiker unserer Zeit der Komponist Aribert Reimann.

■ Die Kulturbehörde stellt den Altonaer Volkspark unter Denkmalschutz. Er entstand zwischen 1914 und 1933 im Zuge einer Reformbewegung, die Grünflächen als Ausgleich für die zunehmend dichtere Besiedlung von Städten als Folge der Industrialisierung forderte.

■ Wie stark der Sanierungsbedarf giftiger Böden für den Bau der HafenCity ist, wird jetzt deutlich: Auf dem Grasbrook müssen rund sieben Hektar Boden abgetragen und auf Sondermülldeponien gelagert oder verbrannt werden. Bis 1976 stand hier ein Gaswerk, jetzt soll an dieser Stelle das Überseequartier entstehen.

27. NOVEMBER Die deutschen Phonoverbände werden im kommenden Jahr nach Berlin ziehen, erklärt deren Vorsitzender Gerd Gebhardt. Die Kommunikation mit Multiplikatoren aus Politik, Verwaltung und Medien sei von dort aus effektiver zu gestalten. Für den Medienstandort Hamburg bedeutet diese Entscheidung nach dem Weggang des Unternehmens Universal Music im Juli 2002 einen weiteren Rückschlag.

■ Das umstrittene Hamburger Verfassungsschutzgesetz nimmt die letzte parlamentarische Hürde. Auf Druck der Öffentlichkeit einigten sich die Koalitionsfraktionen darauf, dass Berufsgeheimnisträger wie Ärzte, Anwälte, Geistliche und Journalisten von Überwachungsmaßnahmen ausgenommen sind.

Wirkungsvoll zweckentfremdet: Greenpeace-Aktivisten legen dem Bismarck Denkmal am Stintfang am 27. November einen Mundschutz an. Sie machen auf die gesundheitlichen Folgen von Dieselruß aufmerksam

Staunen über Hamburg im Kleinformat: Die markanten Gebäude der Hansestadt sind Teil der weltgrößten digitalen Modelleisenbahn. Zu bewundern ist das Miniatur-Wunderland in der Speicherstadt

28. NOVEMBER Airbus-Gegner müssen vor dem Bundesverfassungsgericht eine Niederlage einstecken. Das Gericht weist die Klage von mehreren Anwohnern gegen die bereits 1993 erfolgte erste Verlängerung der Startbahn ab. Die Lärmbelästigung sei nicht mit einer Enteignung gleichzusetzen. Obwohl es sich bei Airbus um ein privates Projekt handele, müssten mit Blick auf öffentliche Interessen gewisse Beeinträchtigungen hingenommen werden.

30. NOVEMBER Etwa 3500 Sympathisanten der ehemaligen Bambule-Bewohner demonstrieren, begleitet von 2000 Polizisten, in der Innenstadt gegen Innensenator Schill, die Brechmitteleinsätze und Sozialkürzungen. Es ist die 17. Demonstration seit der Räumung des Bauwagenplatzes Bambule. Ganz offensichtlich wandelt sich der ursprünglich nur gegen die Räumung gerichtete Widerstand zu einem Dauerprotest gegen den Hamburger Senat.

Was sonst noch geschah

■ **6. NOVEMBER:** In der Nähe von Nancy (Frankreich) bricht im Schlafwagen des Nachtzugs Paris–Wien ein Feuer aus. Zwölf Menschen sterben, unter ihnen drei Deutsche. Der Schlafwagen der Deutschen Bahn war weder mit Rauchmeldern noch mit Sprinkleranlagen ausgerüstet.

■ Beim Absturz einer Fokker 50 in Luxemburg kommen 20 der 22 Insassen ums Leben, unter ihnen 15 Deutsche.

■ **19. NOVEMBER:** Der vor einer Woche vor der Atlantikküste Spaniens leckgeschlagene Tanker »Prestige« mit 77 000 Tonnen Schweröl an Bord bricht auseinander und sinkt. Bereits fünf Tage darauf sind mehr als 400 Kilometer Küste verseucht.

■ **28. NOVEMBER:** Bei einem Selbstmordanschlag auf ein Hotel mit israelischen Gästen nahe Mombasa (Kenia) sterben neben den drei Attentätern 14 weitere Menschen. Fast gleichzeitig feuern Terroristen zwei Raketen auf ein in Mombasa startendes israelisches Passagierflugzeug, die ihr Ziel nur knapp verfehlen.

DEZEMBER

Prof. Dieter S. Lutz (l.) nimmt aus den Händen von Oberst Bernhard Gertz die Wolf-Graf-von-Baudissin-Medaille entgegen

2. DEZEMBER Der Deutsche Bundeswehr-Verband verleiht erstmals die Wolf-Graf-von-Baudissin-Medaille, und zwar an das Institut für Friedensforschung und Sicherheitspolitik an der Universität Hamburg. Im Plenumssaal der Bundeswehr-Führungsakademie überreicht Oberst Bernhard Gertz die Auszeichnung an den Leiter des Instituts, Professor Dieter S. Lutz.

4. DEZEMBER Von den St.-Pauli-Landungsbrücken startet der zurzeit modernste und vor allem sicherste Tanker der Welt zu seiner ersten Auftragsfahrt nach Tallinn. Die »Wappen von Hamburg« der Hamburger »Wappen«-Reederei ist ein Doppelhüllenschiff und hat auch andere wichtige Schiffsteile in zweifacher Ausführung, zum Beispiel zwei getrennte Antriebsanlagen.

■ Die Verlängerung des Friedrich-Ebert-Damms wird eröffnet. Der neue Straßenabschnitt reicht von der Charlie-Mills-Straße im Süden bis zum Ivo-Hauptmann-Ring im Norden und soll den Ortskern von Farmsen entlasten.

■ Das Hamburger Filmfest hat einen neuen Leiter: Nachfolger von Josef Wutz wird Al-

Ein neuer Star in Hagenbeck: Taskan wird sofort zum Publikumsliebling. Seine Geschwister sind an einer rätselhaften Krankheit gestorben. Sibirische Tiger sind vom Aussterben bedroht. Umso größer war im Mai die Freude über den Nachwuchs

bert Wiederspiel. Der gebürtige Pole leitete zuletzt als General Manager Distribution den Filmverleih Tobas Studio Canal in Berlin.

5. DEZEMBER Bei einer Gewerkschaftsdemonstration protestieren rund 6000 Menschen in der Innenstadt friedlich gegen die Politik des Mitte-rechts-Senats – unter ihnen etwa 800 Sympathisanten der ehemaligen Bewohner des Bauwagenplatzes Bambule. Aus diesem Grund hatte die Gewerkschaft der Polizei ihre Teilnahme abgesagt. Vor Beginn der Demonstration kommt es im Schuhhaus Görtz zu einem Gespräch zwischen der Innenbehörde und der Bambule-Gruppe. Über Inhalte wird Stillschweigen bewahrt. Man will sich erneut treffen.

■ Bis zur außerordentlichen Mitgliederversammlung des FC St. Pauli im Februar nächsten Jahres wird Theaterdirektor Corny Littmann Präsident des angeschlagenen Fußballclubs. Zunächst ist die Entscheidung eine Interimslösung – allerdings schlägt der Aufsichtsrat Littmann als Präsidentschaftskandidat für die Versammlung vor.

6. DEZEMBER Hamburgs Wirtschaftsstaatsrat Volker Schlegel (FDP) wird auf eigenen Wunsch von Bürgermeister Ole von Beust in den einstweiligen Ruhestand versetzt. Er zieht damit die Konsequenz aus den gegen ihn erhobenen Vorwürfen, er habe Vortragshonorare von einem Hamburger

Schiffskatastrophe im Unterhaltungsformat: Das Musical »Titanic« soll Besucher in die Neue Flora locken und feiert mit Stars wie Liza Minnelli und Sophia Loren am 8. Dezember Premiere. Trotzdem erleidet das Stück noch in derselben Spielzeit Schiffbruch

Ölhändler nicht versteuert und zudem die Vorträge gar nicht gehalten.

■ Innensenator Ronald Schill sorgt bei der Innenministerkonferenz für Unverständnis und betretenes Schweigen. Nach seiner Auffassung soll das bei dem Geiseldrama in einem Moskauer Musicaltheater verwendete Betäubungsgas auch in Deutschland eingesetzt werden. In der russischen Hauptstadt waren bei dem Einsatz neben den Tätern 129 Geiseln gestorben.

■ In Stellingen wird die 38-jährige Natascha K. vor ihrer Haustür aus nächster Nähe mit einer großkalibrigen Waffe erschossen. Die Polizei steht vor einem Rätsel. Noch fehlt der Mordkommission das Motiv für die Tat.

■ Mehr als 100 Obdachlose feiern Abschied vom Herz As. 22 Jahre ist der Pavillon an der Norderstraße als Tagesstätte für Obdachlose genutzt worden. Nun wird er zu Gunsten des Neubaus eines sozialen Zentrums abgerissen. Auch dieser wird eine Tagesstätte für Obdachlose erhalten.

8. DEZEMBER Die Schauspielerin Maren Eggert bekommt während einer Matinee im Thalia Theater den mit 8000 Euro dotierten Boy-Gobert-Preis überreicht. Die Auszeichnung wird seit 1980 jährlich von der Körber-Stiftung an junge Schauspielerinnen und Schauspieler für besondere Leistungen an Hamburger Sprechbühnen verliehen.

■ Der ukrainische Boxprofi Wladimir Klitschko aus dem Hamburger Universum-Stall verteidigt seinen WBO-WM-Titel im Schwergewicht in Las Vegas erfolgreich gegen den US-Amerikaner Jameel McCline. Es ist sein 40. Sieg in 41 Profikämpfen.

Umjubelt und buchstäblich auf Händen getragen: Anna Polikarpowa bei der Premiere des Ballett-Klassikers »La Bayadère« am 8. Dezember in der Staatsoper

■ Die Hamburger Flussschifferkirche feiert ihr 50-jähriges Bestehen. Bischöfin Maria Jepsen hält aus diesem Anlass einen Kirchweihgottesdienst auf Deutschlands einziger schwimmender Kirche ab.

■ Innensenator Ronald Schill bleibt Landesvorsitzender seiner Partei Rechtsstaatlicher Offensive. Er wird von den Delegierten des Parteitages mit 96,8 Prozent wiedergewählt.

10. DEZEMBER Der Senat beschließt ein zusätzliches Investitionsprogramm für die nächsten Jahre in Höhe von 250 Millionen Euro. Davon soll das kulturelle Leben in der Stadt profitieren: Geplant ist zum Bei-

Auftakt für einen klirrend kalten Winter: Die Temperaturen sinken auf minus 10,5 Grad – es ist der kälteste 10. Dezember seit 35 Jahren. Die Kinder freuen sich – und beim Eishockey wird ihnen schnell warm

Bewundert Picasso am 12. Dezember im Bucerius Kunst Forum als einer der Ersten: Peter Striebeck

spiel der Bau eines Kulturzentrums in der HafenCity, das Haus der Fotografie in den Deichtorhallen und ein Archäologiezentrum auf dem Domplatz.

11. DEZEMBER Bürger aus den Walddörfern wollen die Bebauung des Landschaftsschutzgebiets Wohldorf-Ohlstedt verhindern und haben dafür 10000 Unterschriften gesammelt. Die Initiative möchte mit ihrem Bürgerbegehren erreichen, dass das Gebiet unter Naturschutz gestellt wird.

12. DEZEMBER Das Bucerius Kunst Forum, ein neues Ausstellungszentrum in unmittelbarer Nähe zum Hamburger Rathaus, wird mit einem Festakt, an dem mehr als 600 geladene Gäste aus Kultur, Politik und Wirtschaft teilnehmen, in der Handelskammer eingeweiht. Die Auftaktausstellung widmet sich dem Thema »Picasso und die Mythen« und zeigt etwa 130 Gemälde, Plastiken, Grafiken und Keramiken des bedeutendsten Künstlers des 20. Jahrhunderts.

■ Die Senatskommission für Stadtentwicklung unter Vorsitz von Bürgermeister Ole von Beust stellt die Weichen für die Domplatzbebauung. Dort sollen die Zentralbibliothek, ein Archäologiezentrum, ein Bürgerschaftsforum sowie Wohnungen entstehen. Im Frühjahr 2003 wird per Ausschreibung ein Investor gesucht, 2004 soll ein internationaler Architektenwettbewerb folgen.

13. DEZEMBER Der Vorsitzende der SPD-Fraktion in der Bürgerschaft, Uwe Grund, tritt zurück. Er reagiert damit auf die anhaltende Kritik an seiner Amtsführung. Insbesondere sein schwacher Auftritt in der Haushaltsdebatte war ihm zum Vorwurf gemacht worden.

■ Hamburg hat das größte kostenlose und kabelfreie Internet-Projekt Deutschlands. Mit Hilfe der W-LAN-Technologie (Wireless Local Area Network) wurden in Cafés, Restaurants, IT-Firmen und öffentlichen Einrichtungen in der City 30 Sendepunkte installiert. Hier können Laptop-Nutzer mittels einer Funknetzkarte ins Internet gehen.

15. DEZEMBER Der Hamburger Verkehrsverbund (HVV) erweitert sein Tarifgebiet, und zwar auf die Gebiete der schleswig-holsteinischen Kreise Pinneberg, Segeberg, Stormarn und Herzogtum Lauenburg. Rund drei Millionen Bürger in der Metropolregion Hamburg können dann mit einem Tarif und einer Fahrkarte quer durch das erweiterte HVV-Gebiet reisen.

16. DEZEMBER Die Hamburger Mäzenin Hannelore Greve schenkt der Hochschule für Musik und Theater einen dreigeschossigen Neubau an der Milchstraße. Zwei Jahre lang war um die Erweiterung gestritten worden. Die Anwohner hatten gegen den Bau protestiert, weil ihnen dessen Architektur nicht gefiel. Im Sommer 2002 legte die Stifterin einen neuen Entwurf vor, der auch die Kritiker zufrieden stellte.

■ Der Aufsichtsrat des Hamburger SV wählt den 39 Jahre alten Bernd Hoffmann als Nachfolger von Werner Hackmann zum HSV-Vorsitzenden. Hoffmann war bisher für Sportfive (früher UFA) in verschiedenen Positionen tätig.

■ Das Hamburger Landgericht spricht einen ehemaligen Altenpfleger vom Vorwurf des Totschlags frei und weist ihn wegen Schuldunfähigkeit in eine psychiatrische Klinik ein. Der 32-Jährige hatte im März 2001 eine Altenheimbewohnerin getötet und ihr Bett angezündet. Er war dafür im Oktober 2001 zu zwölf Jahren Haft verur-

Uwe Grund muss sein Amt als SPD-Fraktionschef aufgeben

teilt worden, doch der Bundesgerichtshof hatte das Urteil im April dieses Jahres aufgehoben.

■ Der FC St. Pauli trennt sich von seinem Trainer Joachim Philipkowski. Die Kiez-Mannschaft, erst in der letzten Saison von der Ersten in die Zweite Fußballbundesliga abgestiegen, kämpft zurzeit relativ erfolglos um den Klassenerhalt.

17. DEZEMBER Eine Serie gewalttätiger Überfälle von Jugendlichen ist anscheinend aufgeklärt. Der 15-jährige Verdächtige Emrah T. gesteht, gemeinsam mit drei Jungen im Alter zwischen 14 und 18 Jahren einen 24-jährigen Behinderten im Sternschanzenpark getötet zu haben. In den 24 Stunden darauf habe die Bande in Stellingen einen 17-Jährigen mit Messerstichen lebensgefährlich verletzt und eine 67-jährige Frau überfallen und beraubt.

Der tschechische Staatspräsident Václav Havel bedankt sich für die Hamburger Fluthilfe

■ Der Haushaltsexperte Walter Zuckerer ist der neue Fraktionsvorsitzende der SPD in der Bürgerschaft. Er erhält 28 Stimmen der 43 anwesenden Abgeordneten. Als bester Redner seiner Fraktion soll er ein eindrucksvollerer Gegenspieler des Bürgermeisters sein als sein Vorgänger im Amt, Uwe Grund.

■ Der tschechische Staatspräsident Václav Havel empfängt in der Prager Burg Vertreter der Medienaktion »Hamburg hilft den Flutopfern«: Abendblatt-Herausgeber Peter Kruse, NDR-Landesfunkhausdirektorin Dagmar Reim, Knut Fleckenstein und Jan Klarmann vom Arbeiter-Samariter-Bund (ASB) Hamburg sowie den ASB-Vorsitzenden Fritz Tepperwien. Er dankt allen Spendern und Organisationen aus Hamburg und Umgebung dafür, dass den Hochwasseropfern auch in der Partnerstadt Prag geholfen wurde.

■ Der Senat beschließt, dass die Stadt in Hamburger Krankenhäusern drei eigene Babyklappen einrichtet, in denen schwangere Frauen in Notlagen ihre Neugebore-

Neuer Chef für die Hamburger SPD-Fraktion: Walter Zuckerer

nen anonym abgeben können. Man verspricht sich davon eine bessere medizinische Versorgung der Säuglinge. Während der vergangenen zwei Jahre wurden in den Babyklappen des Projekts »Findelbaby« vom Verein Sternipark 16 Säuglinge in Obhut gegeben. Und vom Juli 2001 bis Juli 2002 gab es in Hamburger Krankenhäusern 13 anonyme Geburten.

18. DEZEMBER Sozialsenatorin Birgit Schnieber-Jastram (CDU) eröffnet in der Feuerbergstraße ein geschlossenes Heim für mehrfach straffällig gewordene Jugendliche mit zunächst zwölf Plätzen. Es ist die erste geschlossene Unterbringung für Jugendliche in Hamburg seit 20 Jahren.

19. DEZEMBER Den ersten Preis des Internationalen Freiraumwettbewerbs für

die HafenCity erhält die Architektin Bernedetta Tagliabue aus Barcelona für ihr Konzept, das das Wasser mit den Grünflächen im Hafen verbindet. Vorgesehen sind Wasserflächen auf dem Land sowie Stege und Piazzen auf dem Wasser, die mit der Tide steigen und sinken. Mit der Umsetzung soll im Herbst 2003 begonnen werden.

■ Studierende und Vertreter des AStA protestieren mit einer Demonstration in der Innenstadt gegen die bildungspolitischen Pläne des Senats, die die Einführung von Studiengebühren und die Ausrichtung der Studiengänge nach ihrer Rentabilität vorsehen.

21. DEZEMBER Die vierte große Demonstration von Bambule-Sympathisanten unter dem Motto »Die Regierung stürzen«

Bambule-Unterstützer ziehen durch die Innenstadt – und zwingen einige Kaufhäuser zum vorzeitigen Ladenschluss im besten Vorweihnachtsgeschäft

sorgt in der Hamburger City für Unruhe. Eingänge zu Kaufhäusern werden blockiert, Spruchbänder in die Geschäfte getragen. Polizei und Bundesgrenzschutz schließen die Demonstranten ein. Einige Häuser – zum Beispiel das Alsterhaus – schließen vorzeitig, die Händler sprechen von Umsatzeinbußen bis zu 90 Prozent.

22. DEZEMBER St.-Pauli-Präsident Corny Littmann stellt im Schmidt Theater Franz Gerber als neuen Trainer des FC St. Pauli vor. Gerber, ebenfalls Sportchef des Vereins, ist bereits der dritte Coach des Kiez-Clubs in dieser Saison.

23. DEZEMBER Die Gewerkschaft Ver.di und der Deutsche Gewerkschaftsbund bringen ein Volksbegehren gegen die Privatisierung der städtischen Kliniken auf den Weg, weil sich die Mitte-rechts-Mehrheit in der Bürgerschaft bislang nicht mit der Volksinitiative »Gesundheit ist keine Ware«, die mehr als 11 000 Hamburger unterstützen, befasst habe.

Im Schmidt Theater stellt St.-Pauli-Präsident Corny Littmann Neu-Trainer Franz Gerber (l.) vor

Einsatz im Eiswasser: Ein Rohrbruch überflutet Heiligabend den Autotunnel am Dammtor

Das Silvester-Feuerwerk über dem Hafen lockt rund 17 000 Menschen zum Feiern an die Landungs-brücken. Die Feuerwehr muss mehr als 800-mal zu Einsätzen ausrücken

24. DEZEMBER Eisregen verwandelt Heiligabend Straßen und Fußwege in Rutschbahnen, es kommt zu etlichen Verkehrsunfällen, der öffentliche Nah- und Fernverkehr liegt teilweise völlig lahm. Unter der Amsinckstraße bricht eine wichtige Wasserleitung, der Deichtortunnel steht daraufhin unter Wasser. Tausende Haushalte sind vorübergehend ohne Wasser. Das Chaos setzt sich über die Weihnachtstage fort.

■ Auf der Uhlenhorst wird der polizeibekannte 25-jährige Julio V. bei einem Einbruch in ein Mehrfamilienhaus von einem Polizeibeamten am Tatort erschossen. Der 42-jährige Polizeioberkommissar gibt an, im Treppenhaus allein auf drei bewaffnete Täter getroffen zu sein. Die Staatsanwaltschaft ermittelt, ob es sich um fahrlässige Tötung handelt.

Was sonst noch geschah

■ **13. DEZEMBER:** Nach knapp fünfjährigen Verhandlungen einigen sich die 15 EU-Mitgliedsländer und zehn Staaten Ost- und Südeuropas auf die größte Erweiterung in der Geschichte der EU. Zum 1. Mai 2004 werden Polen, Ungarn, Tschechien, Slowenien, die Slowakei, Estland, Lettland, Litauen, Zypern und Malta der Union beitreten.

■ **18. DEZEMBER:** Das Bundesverfassungsgericht kippt das von der rot-grünen Bundesregierung eingebrachte Zuwanderungsgesetz. Die uneinheitliche Stimmabgabe des Landes Brandenburg war bei der Bundesratssitzung im März von Bundesratspräsident Klaus Wowereit (SPD) als Zustimmung gewertet worden, die Karlsruher Richter erklärten die Abstimmung für verfassungswidrig.

■ **23. DEZEMBER:** Das Berliner Robert-Koch-Institut erteilt erstmals die Genehmigung, menschliche embryonale Stammzellen zu Forschungszwecken zu importieren. Der Bonner Neuropathologe und Zellforscher Oliver Brüstle will mit den aus Israel stammenden Zellen seine Forschungen zu Hirnerkrankungen intensivieren.

JANUAR

In Hamburg wird der Neujahrsempfang seinem Namen nach gerecht: Rund 1000 Menschen kommen am 1.Januar um elf Uhr morgens ins Rathaus

1. JANUAR Ein wegen Vergewaltigung verurteilter 23-Jähriger aus der Haftanstalt Vierlande überwältigt bei einem Arztbesuch im Krankenhaus Bergedorf eine Justizangestellte und flieht. Nach einem Einbruch in eine Boutique und stundenlanger Taxifahrt durch Hamburg wird er in den frühen Morgenstunden von der Polizei festgenommen.

■ Ein neuer Ordnungsdienst sorgt für Sauberkeit und Sicherheit in der Stadt. Die zunächst fünf Mitarbeiter gehen gegen die Verunreinigung von Plätzen und Wegen, gegen Vandalismus, aggressives Betteln, belästigenden öffentlichen Alkoholkonsum und ähnliches unerwünschtes Verhalten vor. Sie dürfen die Personalien der Übeltäter aufnehmen, erhebliche Bußgelder können die Folge sein.

3. JANUAR In der Nachmittagsvorstellung des ABBA-Musicals »Mamma Mia!« ereignet sich ein tragischer Unfall. Hauptdarstellerin Annika Bruhns stürzt während einer Szene in den Orchestergraben und muss anschließend an einem gebrochenen Lendenwirbel operiert werden. Die Vorstellung wird nach einer Unterbrechung in neuer Besetzung fortgeführt.

7. JANUAR Zum 1. August werden in Hamburg in zwei Grundschulen in Dulsberg und St. Georg zusätzliche Klassen eingerichtet, in denen Schüler zusammen Deutsch und Türkisch lernen – egal, welche Muttersprache sie haben. Dieses in Deutschland einzigartige Unterrichtsprojekt beruht auf einer Kooperation zwischen der Schulbehörde und dem türkischen Erziehungsministerium.

■ Der Senat beschließt, vor dem Bundesverfassungsgericht gegen die im Sommer vorigen Jahres vom Bundestag verabschiedete Novellierung des Hochschulrahmengesetzes zu klagen. In dem Normenkontrollverfahren soll es vor allem um das grundsätzliche Verbot gehen, Studiengebühren im Erststudium zu erheben, und um die Verpflichtung, an Hochschulen »verfasste Studierendenschaften«, also organisierte Studentenvertretungen, zu bilden.

■ Das Hamburger Verwaltungsgericht weist die Klage von Anwohnern der Stresemannstraße gegen einen Beschluss der Altonaer Bezirksversammlung ab. Die hatte im März vergangenen Jahres das Bürgerbegehren für eine Busspur und Tempo 30 ausgehebelt – und zwar mit einem Trick. CDU, FDP und Schill-Partei stimmten gegen ihre erklärte Auffassung für das Bürgerbegehren und ver-

Hamburg, ein Wintermärchen: So viel Schnee wie am 3. Januar lag seit zehn Jahren nicht mehr. Die Hamburger rodeln, schlittern oder üben sich im Langlauf. Die Sportgeschäfte melden Lieferengpässe für Schlitten und Schlittschuhe

Beim traditionellen Neujahrsempfang des Hamburger Abendblattes im Atlantic Hotel am 10. Januar spricht Chefredakteur Menso Heyl zu den rund 1000 Gästen aus Politik, Wirtschaft, Kultur, Medien und Sport

hinderten so einen Bürgerentscheid, der Entscheidungen des Senats beeinflussen könnte. Das Verwaltungsgericht hält es für unerheblich, ob die Abgeordneten etwas anderes wollen, als sie durch ihre Abstimmung zum Ausdruck bringen. Es lehnt selbst die Berufung gegen sein Urteil ab, weil der Vorgang »keine grundsätzliche Bedeutung« habe.

8. JANUAR Das Hamburger Handwerk mit seiner Kammer und allen 70 Innungen und Fachverbänden ist neuer Hauptsponsor im Premium-Club der Bewerbungsgesellschaft für die Olympischen Spiele 2012. Der Club hat insgesamt zwölf Mitglieder, zusammen stifteten sie drei Millionen Euro.

■ Unter der Schirmherrschaft von Regisseur Jürgen Roland wird auf dem ehema-

ligen Gelände des Hafenkrankenhauses die Ambulanz Hafen Hamburg eingeweiht. Nun ist auf St. Pauli die medizinische Notversorgung wieder gesichert. Die Notfallambulanz im ehemaligen Hafenkrankenhaus hatte nach dem Auslaufen der finanziellen Unterstützung Ende 2001 schließen müssen.

9. JANUAR Hamburgs Jugendarbeit soll verbessert werden. Sozialsenatorin Birgit Schnieber-Jastram stellt eine neue Einsatzgruppe, das Familien-Interventionsteam (FIT), vor. Die sechs Mitarbeiter sollen dafür sorgen, dass schneller als bisher auf kriminelles Verhalten von Kindern und Jugendlichen reagiert wird. Dem Team werden Straftaten von jungen Tätern gemeldet. Damit gibt es –

bundesweit einzigartig – erstmals eine zentrale Stelle, bei der alle Fälle gebündelt und die Maßnahmen der Jugendhilfe koordiniert werden.

■ Auf dem Neujahrsempfang des Blankeneser Stadtteilblatts »Klönschnack« im Hotel Louis C. Jacob fällt die Festrede des Polizeipräsidenten überraschend aus. Udo Nagel hatte nur Stunden vorher abgesagt – wahrscheinlich auf Weisung der Behördenleitung, weil Nagel sich von Innensenator Ronald Schill und Staatsrat Walter Wellinghausen den Inhalt seiner Rede nicht vorschreiben lassen wollte. Der sollte nämlich wegen des zweiten Festredners, Gregor Gysi (PDS), politischer Natur sein.

10. JANUAR Hamburgs Universitätspräsident Jürgen Lüthje wird zum Ehrenmitglied des Clare Hall College der Universität Cambridge ernannt. Die Auszeichnung erhält er – als erster Deutscher – für seine Verdienste um die internationalen Studienangebote der Hamburger Hochschule und für deren grenzüberschreitende Zusammenarbeit mit anderen Universitäten.

■ Justizsenator Roger Kusch (CDU) suspendiert den Sicherheitsbeauftragten für den Strafvollzug, den CDU-Bürgerschaftsabgeordneten Wolfhard Ploog, vom Dienst. Mit Wissen von Ploog arbeitete bis vor kurzem ein Beamter in der Vollzugsanstalt Vierlande, der am 12. Dezember zu einer dreijährigen Freiheitsstrafe wegen versuchten Totschlags verurteilt worden war. Gegen Wolfhard Ploog laufen disziplinarrechtliche Ermittlungen.

11. JANUAR Zum Tag der offenen Tür anlässlich des 50-jährigen Bestehens des Deutschen Wetterdienstes an der Bernhard-Nocht-Straße kommen rund 7500 Menschen und lassen sich erklären, wie man zu einer verlässlichen Wettervorhersage kommt.

14. JANUAR Das »Theaterschiff am Mäuseturm« ist aus ungeklärten Gründen im Hafen gesunken. Das Schiff war eine erfolgreiche Bühne mit 80 Plätzen und hatte erst im November sein zehnjähriges Jubiläum gefeiert.

■ Vier Tage lang durchsuchen Hunderte Ermittler von Zoll und Bundesgrenzschutz Firmensitze des Tabakkonzerns Reemtsma und Privatwohnungen von dessen Mitarbeitern. Ein Vorstandsmitglied und mehrere Untergebene sollen in den internationalen

Das »Theaterschiff am Mäuseturm« sinkt – nur wenige Wochen nach dem zehnjährigen Jubiläum

Zigarettenschmuggel verwickelt sein. Dabei geht es um die illegale Wiedereinführung unversteuert ausgeführter Zigaretten. Weitere Vorwürfe: Geldwäsche und Beihilfe zur Steuerhinterziehung. Außerdem wird untersucht, ob leitende Reemtsma-Mitarbeiter gegen das Irak-Embargo der UNO verstoßen haben und große Mengen Zigaretten in den Irak liefern ließen.

15. JANUAR Chlorgasalarm im Marriott-Hotel an der ABC-Straße: Die Feuerwehr rückt mit Spezialfahrzeugen und insgesamt 70 Mann an. Die Umgebung wird weiträumig abgesperrt, die Menschen aufgefordert, die Häuser nicht zu verlassen. Dann die Entwarnung: Bei den undichten, angeblich Chlorgas enthaltenden Behältern handelt es sich um Kanister mit einem weit weniger gefährlichen Desinfektionsmittel. Eine Hotelmitarbeiterin hatte offensichtlich die Aufschrift verwechselt und den Alarm ausgelöst.

16. JANUAR Mehr als 2000 Beschäftigte der Lufthansa beteiligen sich in Hamburg an dem bundesweiten Warnstreik der Gewerkschaft Ver.di. In der Zeit von fünf bis neun Uhr fallen am Hamburger Flughafen 15 Starts und drei Landungen aus, 29 Flüge

Des einen Streik ist des anderen Verspätung: Die Lufthansa-Mitarbeiter fordern mehr Lohn und eine Gewinnbeteiligung

»Eines langen Tages Reise in die Nacht« feiert am 16. Januar im Ernst Deutsch Theater Premiere

haben erhebliche Verspätungen. Ver.di fordert nach vier gescheiterten Tarifrunden weiter neun Prozent Lohnerhöhung.

■ Die 14-jährige Corinna H. sticht den Freund ihrer Mutter nieder, um ihre Eltern

Erik Gedeon bringt im Thalia »Im weißen Rössl« mit Peter Jordan in der Hauptrolle auf die Bühne – Premiere hat die Operette am 18. Januar

Werbung für Hamburg als Olympia-Stadt: Am Hauptbahnhof wird am 22. Januar ein riesiges Transparent mit einer Fotosimulation der geplanten Olympiastätten angebracht

zu schützen. Als der 31-jährige Heinz G. seine Freundin in der Wohnung ihres Ex-Ehemanns abholen will, kommt es zu einer Auseinandersetzung, in deren Folge Heinz G. seine Freundin brutal niederschlägt und auch ihren Ex-Ehemann angreift. Corinna nimmt aus Angst um ihre Eltern ein Küchenmesser aus der Schublade und sticht auf Heinz G. ein, der wenig später seinen Verletzungen erliegt.

■ Zeitgleich mit europaweiten Gewerkschaftsprotesten demonstrieren 2500 Hamburger Hafenarbeiter und Lotsen gegen eine geplante EU-Richtlinie, nach der künftig Reeder ihre Schiffe mit eigenem Personal abfertigen lassen können. Sie fürchten um ihre Arbeitsplätze, sorgen sich aber auch um die Arbeitssicherheit im Hafen.

20. JANUAR Der ADAC-Rettungshubschrauber »Christoph 19« stürzt bei Hohnstorf (Landkreis Uelzen) in den vereisten Elbeseitenkanal. Der Pilot und der Rettungssanitäter können sich ans Ufer retten. Der Notarzt schafft es nicht, sich aus dem Wrack zu befreien. Ursache des Unglücks ist ein riskantes Flugmanöver: Der Pilot flog unter einer Kanalbrücke hindurch, »Christoph 19« »schmierte ab« und versank innerhalb kürzester Zeit im Kanal.

22. JANUAR Rund 300 mittelständische Unternehmer demonstrieren in der Innenstadt gegen die Wirtschaftspolitik der Bundesregierung. Sie fordern steuerliche Entlastungen zur Verbesserung ihrer Eigenkapitalsituation und niedrigere Lohnnebenkosten. Nach eigenen Angaben erhalten sie allein etwa 20000 Arbeitsplätze in und um Hamburg.

■ Die Bürgerschaft beschließt eine Anti-Graffiti-Verordnung. In Zukunft können

*Für den Hein-Gas-Winterzauber wurden
450 000 Liter Wasser gefroren – jetzt lädt eine
Bar auf dem Eis zum Verweilen*

Geldbußen bis zu 5000 Euro für die Verursacher dieser Schmierereien verhängt werden.

24. JANUAR Der FC St. Pauli steht zu Beginn der Rückrunde mit neun Punkten auf dem letzten Platz, doch die Fans haben die Hoffnung auf den Klassenerhalt noch nicht aufgegeben. 20 000 Anhänger feiern das 1 : 1 gegen Eintracht Frankfurt.

■ Hein Gas bringt den Winterzauber zurück nach Hamburg. Auf dem Heiligengeistfeld wird eine spektakuläre Erlebniswelt aus Eis eröffnet. Auf einer Gesamtfläche von mehr als 12 000 Quadratmetern werden viele Attraktionen geboten: die größte mobile Indoor-Eislaufbahn der Welt, Kino- und Kulturprogramme sowie winterliche Wettbewerbe.

25. JANUAR Werner Thissen wird in der Domkirche St. Marien vor rund 800 Besuchern feierlich in sein neues Amt als Erzbischof von Hamburg eingeführt. In seiner Rede wird er mehrfach von Beifall unterbrochen, etwa als er die Gemeindeglieder dazu aufruft, angesichts des drohenden Kriegs gegen den Irak für den Frieden zu beten.

■ Durch sein 2 : 2 zum Rückrundenauftakt bei Hannover 96 setzt der HSV seine Erfolgsserie fort. Die Mannschaft ist jetzt acht Spiele in Folge ungeschlagen. Mit ihrer spielerischen Qualität ist im Verein trotzdem keiner wirklich zufrieden.

■ Polizei und Bambule-Sympathisanten liefern sich rund ums Millerntorstadion heftige Auseinandersetzungen. Dabei kann verhindert werden, dass Randalierer die Hein-Gas-Winterzauber-Zelte auf dem Heiligengeistfeld stürmen. 56 Personen werden in Gewahrsam genommen.

27. JANUAR Der Unternehmer und Mäzen Werner Otto spendet dem »Förderverein Lebendiger Jungfernstieg« fünf Millionen Euro für die Neugestaltung der einstigen Prachtstraße. Zusammen mit den vier Millionen Euro, die die Stadt für die Neuordnung des Straßenraums im Haushalt bereitgestellt hat, sind damit bereits neun der notwendigen rund 16 Millionen Euro für den Neubau in der Kasse. Der Versandhausgründer hatte bereits 200 000 Euro für den Architektenwettbewerb in Sachen Jungfernstieg gezahlt.

29. JANUAR Königin Beatrix der Niederlande zeichnet Ärzte und Schwestern des AK Barmbek aus, die ihren inzwischen verstorbenen Ehemann behandelt und gepflegt haben. Professor Roland Tauber, der Urologe von Prinz Claus, und der Chirurg Klaus Niehaus erhalten aus ihrer Hand den Kronenorden des Hauses Oranien, den nur die Monarchin vergeben darf.

Der Schriftsteller Ralph Giordano (Mitte) bei der Verleihung der Bertini-Preise im Ernst Deutsch Theater

Zum fünften Mal – diesmal im Ernst Deutsch Theater – wird der Bertini-Preis an junge Menschen verliehen, die sich für ein solidarisches Miteinander in Hamburg engagieren. Ausgezeichnet werden: 1. Irina Golz, 13, und Alexander Prykin, 16. Sie betreuten ehemalige russische Insassen des KZ Neuengamme bei deren Besuch in Hamburg. 2. Schülerinnen und Schüler der 10. Klasse der Realschule Altonaer Straße. Sie wollten mehr über die 1500 Menschen erfahren, die von ihrer Schule aus nach Theresienstadt deportiert wurden, und recherchierten erfolgreich. 3. Heike Wendt, 19, die sich im Kosovo für eine friedliche Begegnung von albanischen und serbischen Jugendlichen einsetzt. 4. Luisa Gluck, 18, die das Schicksal einer jüdischen Familie aus ihrem Stadtteil dokumentierte. 5. Zehn Jugendliche der Jugendinitiative Politik e. V., die Texte, Bilder und Comics für eine fahrende Ausstellung – den FutureBus – erstellten, um Altersgenossen für das Thema »Rechtsradikalismus« zu interessieren. 6. Henning Bode, 21, und Philipp Kienast, 21, die eine Fotoausstellung zum Thema »Auschwitz« konzipierten. 7. Schülerinnen und Schüler des Margaretha-Rothe-Gymnasiums, die das Schicksal der Namensgeberin ihrer Schule, einer Widerstandskämpferin während der NS-Zeit, an der Fassade des Gymnasiums auf 15 Holztafeln sichtbar machten. 8. Schülerinnen und Schüler der Klasse 5a der Erich-Kästner-Gesamtschule, deren Klassenraum verwüstet worden war. Die Täter hatten in Anspielung auf den Amoklauf in einem Erfurter Gymnasium die Botschaft »Erfurt war erst der Anfang« hinterlassen. Die Schüler ließen sich nicht einschüchtern. Alle bekannten in einem offenen Brief, keine Angst zu haben.

Disney on Ice: »Die Schöne und das Biest«, diesmal beide auf Kufen, begeistern bei der Premiere am 29. Januar 6000 Zuschauer in der Color Line Arena

■ Als erstes Bundesland hat Hamburg ein elektronisches System zur Vergabe von Aufträgen eingeführt. Unternehmen können ihr Angebot nun per Internet abgeben.

30. JANUAR Die Auszeichnung »Hotelier des Jahres« geht an den Hamburger Manager des Hotels Gastwerk in Bahrenfeld. Kai Hollmann ist einer von drei Preisträgern, die der Deutsche Fachverlag in München würdigt. Geehrt wird auch Horst Rahe, dem in Hamburg das Hotel Louis C. Jacob und in Rostock-Warnemünde das Neptun gehört. Gemeinsam mit dem dortigen Direktor Klaus Wenzel bekommt er den Preis für den Erfolg des Hotels Neptun.

■ Zum ersten Mal geben Angehörige der Opfer der Terroranschläge vom 11. September 2001 Stellungnahmen im Prozess gegen Mounir el Motassadeq ab. Gegen den Marokkaner wird seit dem 22. Oktober 2002 vor dem Hanseatischen Oberlandesgericht verhandelt. Er soll an den Vorbereitungen der Todesflüge von New York und Washington beteiligt gewesen sein. Die Nebenkläger aus den USA fordern das Gericht auf, bei einer Verurteilung des Angeklagten beim Strafmaß auch die Leiden der Terroropfer und deren Angehörigen zu berücksichtigen.

Was sonst noch geschah

■ **1. JANUAR:** Mit Beginn des neuen Jahres wird ein Zwangspfand auf Einweggetränkeverpackungen erhoben. Das Pfand wird bei Rückgabe der leeren Dosen und Vorlage des Kassenbons rückerstattet. Zwei Eilanträge von Getränkeindustrie und Einzelhandel gegen die Einführung waren zuvor abgelehnt worden; Umweltschützer begrüßen die neue Pfandregelung.

■ **5. JANUAR:** Ein entführtes privates Kleinflugzeug kreist im Tiefflug über der Frankfurter City. Der Pilot kündigt an, er werde sich mit seinem Flugzeug auf eines der Hochhäuser stürzen. Daraufhin wird die Innenstadt gesperrt und der Rhein-Main-Flughafen stillgelegt, der Hauptbahnhof und mehrere Hochhäuser werden evakuiert. Nach zwei Stunden gelingt es, den offenbar psychisch kranken Piloten zur Landung zu bewegen.

■ **12. JANUAR:** Maurice Gibb – Bassist, Sänger und Keyboarder der Bee Gees – stirbt mit 53 Jahren an einem Herzanfall.

FEBRUAR

1. FEBRUAR Wer seine Kraftfahrzeugsteuer nicht gezahlt hat, muss nun damit rechnen, dass sein Auto mit einer Wegfahrsperre blockiert wird. Als erstes Bundesland setzt Hamburg die so genannte Parkkralle ein, um Geld von Steuersündern einzutreiben.

3. FEBRUAR Wegen Betrugs und Körperverletzung in 839 Fällen verurteilt das Landgericht den Mediziner Tammo Bialas zu zwei Jahren und zehn Monaten Gefängnis. Bialas habe als Arzt und Gründer eines privatärztlichen Notrufs zwischen 1997 und 2000 Patienten überhöhte Kosten für die ambulante Notfallversorgung berechnet. Zudem sei in 26 Fällen völlig unnötig ein fiebersenkendes Mittel verschrieben worden.

4. FEBRUAR Die Fraktionen von CDU und Schill-Partei der Bergedorfer Bezirksversammlung untersagen, dass vor den Häusern von deportierten Naziopfern »Stolpersteine gegen das Vergessen« – eine bundesweite Gedenkaktion – platziert werden. Es sei unwürdig, wenn auf den in den Gehweg eingelassenen Tafeln »herumgetrampelt« würde. Außerdem gebe es bereits genügend Gedenkstätten. Erst drei Wochen danach lenkt die CDU-Fraktion ein. Die Stolpersteine dürfen nun verlegt werden, aber auf Gehwegen vor Wohnhäusern nur mit Genehmigung der Hauseigentümer. Dagegen erhebt der Künstler Einwände. Gunter Demnig weigert sich, für das Verlegen der Steine in öffentlichem Grund die Besitzer angrenzender Häuser um Erlaubnis zu bitten.

Fantastisch und märchenhaft: »Cinderella« verzaubert bei der Premiere am 3. Januar auf Kampnagel ihr junges Publikum

■ Bürgermeister Ole von Beust und die schleswig-holsteinische Ministerpräsidentin Heide Simonis (SPD) vereinbaren in einem Staatsvertrag die Fusion der Landesbanken und dreier Behörden. Am 1. Juli werden die Eichämter zusammengelegt. 2004 entsteht das gemeinsame Dienstleistungsunternehmen für Informations- und Kommunikationstechnik, außerdem werden die Statistischen Landesämter vereinigt.

7. FEBRUAR Aus einem speziell gesicherten Raum des Polizeikommissariats 11 in St. Georg sind Crack und Kokain, beschlagnahmt bei Razzien und Durchsuchungen von Dealern, gestohlen worden. Verdächtigt werden Mitarbeiter von Polizei oder Staatsanwaltschaft.

9. FEBRUAR Die DNA-Fahnder des Landeskriminalamtes können einen Erfolg verbuchen. Durch den Abgleich von DNA-Mustern überführen sie einen 36-Jährigen aus Poppenbüttel, der mindestens fünf schwere Sexualverbrechen begangen hat.

11. FEBRUAR Hamburg geht bei der Korruptionsbekämpfung neue Wege. Innenstaatsrat Walter Wellinghausen, unmittelbarer Vorgesetzter des Dezernats Interne Ermittlungen, gibt bekannt, dass jetzt in der Dienststelle ein Bürgertelefon geschaltet ist. Über die kostenlose Korruptions-Hotline 0800-3437283 können »alle Bürger, aber auch alle Mitarbeiter von Behörden und Ämtern« Hinweise zu Bestechung und Vorteilsnahme geben.

12. FEBRUAR Aus dem erst im Dezember vorigen Jahres eingerichteten geschlossenen Heim für jugendliche Straftäter in der Feuerbergstraße ist der erste Insasse geflüchtet. Es gelang ihm, eine gesicherte Tür mit dem abgebrochenen Griff eines Mülleimers aufzubrechen. Zwei Tage später stellt sich der 16-Jährige. Ein Jugendschutzbeamter, der den Jungen kennt, hat ihn in einem Jugendtreff aufgesucht. Eine Betreuerin kann ihn überreden, ins Heim zurückzukehren.

■ Ein Spaziergänger findet auf dem Aussichtspunkt Tutensberg im Volkspark die Leiche eines 37 Jahre alten Mannes, dem direkt ins Gesicht geschossen wurde. Die Spuren am Tatort deuten auf einen Profikiller hin. Das Opfer, Filialleiter eines Supermarkts, war an den Händen gefesselt zu dem Aussichtspunkt gezerrt worden. Sein Auto wurde in 300 Metern Entfernung auf einem Parkplatz gefunden, es war ausgebrannt, offenbar, um Spuren zu verwischen. Hinweise auf ein Motiv oder einen Tatverdächtigen gibt es nicht.

■ Das Tauziehen um die Hamburger Kammerspiele zwischen dem Inhaber Jürgen

Im Dienste tierischer Bedürfnisse und einer sauberen Stadt: Bezirksamtsleiter Markus Schreiber und Schäferhund Charly zur Einweihung des Hundeklos, das in Hamburg neudeutsch Dog Station genannt wird

»Licht an – Krieg aus«: Viele Menschen kommen am 13. Februar mit Kerzen zur Alster, um gegen den drohenden Krieg im Irak zu demonstrieren

Hunke und dem designierten Intendanten Dominique Horwitz ist zu Ende. Strittig ist vor allem die Nutzung des Logensaals. Horwitz will die künstlerische Hoheit über das ganze Haus. Jürgen Hunke sollte den Saal nur für Lesungen von Büchern aus seinem Verlag nutzen dürfen – das Aus für seine Idee, aus den Kammerspielen einen Ort der Kommunikation zu machen.

13. FEBRUAR Hamburg möchte pensionierte Finanzbeamte reaktivieren, um Personalkosten zu sparen. Rund 100 frühere Betriebsprüfer werden angeschrieben und gefragt, ob sie mindestens 20 Wochenarbeitsstunden gegen »besoldungsmäßigen Ausgleich« oder ob sie sogar »ehrenamtlich« wieder arbeiten möchten. Der Versuch

scheitert wenige Tage danach. Von den Pensionären möchte niemand zurück in die Finanzbehörde.

17. FEBRUAR Die Polizei lässt eine zehnköpfige Dealerbande auffliegen, die im vergangenen Jahr monatlich rund 45 000 Euro mit Marihuana umgesetzt hat. Bei der Aktion wird auch der mutmaßliche Haupttäter festgenommen.

■ Die Kirchengemeinde Blankenese verfehlt bei ihrem Spendenwettlauf den anvisierten Betrag von einer Million Euro um mehr als 500 000 Euro. Wenn sie die Summe zusammenbekommen hätte, wäre diese von einem Blankeneser Unternehmer verdoppelt worden. Nun kann die Gemeinde bis zum 15. April weitersammeln, der großzügige

Spender wird dann die zusammengekommene Summe verdoppeln, allerdings nur bis zu 500 000 Euro.

■ Mit eindeutiger Mehrheit wählt die Vollversammlung der Handwerkskammer Frank Glücklich zum neuen Hauptgeschäftsführer. Er wird sein Amt zum 1. Januar 2004 antreten.

18. FEBRUAR Der US-Künstler Jeff Koons erhält den Auftrag, den Spielbudenplatz zu gestalten. Für den Umbau sind 4,3 Millionen Euro eingeplant. Der Senat verspricht sich von der Arbeit des »Kitsch-Königs«, der mit pornographischen Provokationen bekannt wurde, ein neues Wahrzeichen der Stadt an der Reeperbahn.

Ellen ten Damme, Allround-Star aus den Niederlanden, rockt am 18. Februar mit Udo Lindenberg bei der Premiere seiner Musik-Show »Atlantic Affairs« im Thalia Theater um die Wette

Gospelsongs fürs neue Jahrhundert: Tracy Chapman tritt am 17. Februar im CCH auf

■ Während einer Anhörung im Jugendausschuss zum Thema Kita-Gutscheine versammeln sich 1500 Eltern vor dem Haus der Patriotischen Gesellschaft, um gegen die geplante Vergabepraxis von Kita-Plätzen zu protestieren. Sie meinen, dass die Kriterien für die Bewilligung von Betreuungsplätzen sozial nicht gerecht sei. Zum Beispiel befürchten sie, dass arbeitslose Eltern und solche, die nach einer Familienpause in den Beruf zurückmöchten, ihren Kita-Platz verlieren.

■ Dem Zoll gelingt ein Schlag gegen Zigarettenschmuggler. Auf der Autobahnraststätte Holmmoor an der A7 stoppen Beamte einen Lkw, in dem hinter einer Tarnladung rund 9,8 Millionen Schmuggelzigaretten versteckt sind.

19. FEBRUAR Im weltweit ersten Prozess um die Terroranschläge vom 11. September 2001 verurteilt das Hanseatische Oberlandesgericht Mounir el Motassadeq zur Höchststrafe von 15 Jahren Haft – wegen Beihilfe zum Mord in 3006 Fällen und Mitgliedschaft in einer terroristischen Vereinigung. Die Verteidiger des Marokkaners, der als Statthalter des Todespiloten Mohammed Atta gilt, hatten auf Freispruch plädiert. Sie kündigen Revision an.

■ Die ersten chinesischen Pauschalurlauber machen auf ihrer Deutschlandreise Station in Hamburg. Die 95 Gäste werden von Staatsrat Heinrich Doppler feierlich im Bürgermeistersaal des Rathauses empfangen. Danach folgen Besichtigungen, Essen und Shopping. Organisiert wurde die Tour ebenfalls in Hamburg – von Mang Chen, dem Chef der in der Hansestadt ansässigen Firma Caissa Tourismus.

■ Generalmusikdirektor Ingo Metzmacher will seinen bis 2005 laufenden Vertrag nicht verlängern. Er sieht für seine Arbeit in Hamburg keine Perspektive mehr, weil die Kulturbehörde für die Zeit nach 2005 keine finanziellen Zusagen geben konnte.

20. FEBRUAR Nach zweieinhalb Monaten Verhandlungsdauer scheint der Konflikt zwischen dem Senat und den »Bambulisten« friedlich gelöst zu sein. Die Bauwagenbewohner sollen zunächst auf ein Bahngelände an der Altonaer Harkortstraße ziehen. Doch bereits wenige Tage darauf scheitert der von Innenstaatsrat Walter Wellinghausen ausgehandelte Kompromiss im Senat. Insbesondere aus der Schill-Fraktion gibt es harsche Kritik. Auch die Altonaer

Bezirksversammlung hat Bedenken. Außerdem soll das Grundstück an der Harkortstraße mit Giftstoffen kontaminiert sein.

■ Als erstes Krankenhausunternehmen Deutschlands will der Landesbetrieb Krankenhäuser (LBK) Hamburg die Bereitschaftsdienste der Mediziner durch eine freiwillig gewählte Arbeitszeit ersetzen. Er reagiert mit dieser Maßnahme auf eine EU-Richtlinie, nach der Bereitschaftsdienst Arbeitszeit ist, und steigt mit einem flexiblen

Auf Einkaufstour: Die ersten chinesischen Pauschaltouristen interessieren sich nicht nur für Hamburgs Sehenswürdigkeiten, sondern mindestens ebenso fürs Shopping

Modell aus dem bisherigen Bereitschaftsdienst aus. Mitarbeiter können die tarifliche Wochenarbeitszeit von 38,5 Stunden wählen, müssen dann aber Einkommensverluste hinnehmen, weil die Vergütung der Bereitschaft entfällt. Oder sie wählen die gesetzlich zulässige Höchstarbeitszeit von 48 Stunden und haben kaum finanzielle Verluste. Die neue Regelung wird zunächst in sechs Abteilungen verschiedener LBK-Kliniken erprobt.

Das Matthiae-Mahl im Festsaal des Rathauses gehört zu den großen und traditionellen gesellschaftlichen Ereignissen der Hansestadt

Zu diesem »ältesten Mahl der Welt« begrüßt Bürgermeister Ole von Beust diesmal Schwedens Königin Silvia und Tenniskönigin Steffi Graf

■ Die Hamburger Polizei jagt jetzt Kriminelle mit Fingerabdrücken im Internet. Neben Fotos von Verdächtigen sind von nun an bei Fahndungen auch Finger- und Handabdrücke auf der Website der Hamburger Polizei zu sehen und können unter *www.hamburg.de/fhh/behoerden/behoerde_fuer_inneres/polizei/aktuelles/fahndungen/personen* heruntergeladen werden.

21. FEBRUAR Nach zähen Verhandlungen und Protesten von betroffenen Eltern einigen sich die Verbände der Freien Wohlfahrtspflege und Bildungssenator Rudolf Lange (FDP) in der Frage des Kita-Gutschein-Systems auf einen Kompromiss. Insbesondere für den Fall, dass Eltern arbeitslos werden, wird eine Verbesserung erreicht: Das Kind wird in jedem Fall vier (bisher drei) Monate weiter betreut.

■ Beim traditionsreichen Hamburger Matthiae-Mahl gibt es diesmal Neuerungen: Erstmals nehmen zwei Damen am Ehrentisch Platz. Es sind Silvia Königin von Schweden und die Tennislegende Stefanie Graf. Außerdem steht das Festessen zum ers-

Superstars wie du und ich: Die Sternchen aus der RTL-Erfolgssendung mit Dieter Bohlen geben am 26. Februar Autogramme in der Axel Springer Passage

ten Mal unter einem Motto: »Der internationale Sport, der die Menschen und Völker der Welt verbindet«. Hintergrund ist natürlich die Bewerbung Hamburgs für die Olympischen Spiele. Aus diesem Grund ist auch die bislang eisern festgeschriebene Einladungsliste verändert worden. Zum Beispiel ist diesmal das gesamte Präsidium des Nationalen Olympischen Komitees dabei.

■ Ein Anwohner am Wiesenweg in Sasel findet in seiner Mülltonne ein totes Baby. Die Leiche des Säuglings ist in eine Plastiktüte gewickelt. Darin ist der kleine Junge, der lebend zur Welt gekommen ist, offenbar erstickt.

25. FEBRUAR Erstmals setzt der Hamburger Senat das Mittel der Evokation ein und zieht so vier umstrittene Bebau-

Der nächste Zug ist immer der schwerste: 340 Schülermannschaften vom linken und rechten Alsterufer treten am 28. Februar im CCH zum Schach gegeneinander an

benen Stimmen erhält er 503, 92 Mitglieder votieren gegen ihn, 46 enthalten sich der Stimme. Ein Mitglied stimmt ungültig ab.

27. FEBRUAR Die Hamburger Kfz-Innung entlässt ihren Hauptgeschäftsführer Klaus B. Schneider. Obermeister Erwin Wolkenhauer gibt sein Amt auf Druck des Vorstands freiwillig auf. Die beiden Spitzenfunktionäre sollen Innungsgelder in Höhe von 690 000 Euro für einen Grundstückskauf bei Dresden zweckentfremdet haben. Eine Woche darauf erhängt sich Klaus B. Schneider.

Was sonst noch geschah

■ **1. FEBRUAR:** Kurz nach ihrem Eintritt in die Erdatmosphäre explodiert die US-Raumfähre »Columbia«. Alle sieben Astronauten kommen ums Leben.

■ **2. FEBRUAR:** Gut vier Monate nach dem knappen Erfolg von Rot-Grün im Bund kommt es bei den Landtagswahlen in Hessen und Niedersachsen zu einem Debakel für die SPD. In Niedersachsen schafft die CDU mit Christian Wulff den Machtwechsel, die SPD verliert 14,5 Prozent gegenüber der letzten Landtagswahl. In Hessen erreicht Roland Koch (CDU) die absolute Mehrheit, die SPD verliert 10,3 Prozent.

■ **15. FEBRUAR:** Rund fünf Millionen Menschen demonstrieren weltweit für eine friedliche Beilegung der Irak-Krise. Allein in Berlin protestiert eine halbe Million Menschen gegen den drohenden Krieg.

ungsplanverfahren in Bergstedt und Wohldorf-Ohlstedt an sich. Es geht um die Errichtung von 400 Wohnungen. Es hatte vier örtliche Bürgerbegehren gegen die Bebauung gegeben.

■ Corny Littmann wird als neuer Präsident des FC St. Pauli bestätigt. Von 642 abgege-

MÄRZ

Zum Heulen schön ist die Premiere von »Les Adieux« am 1. März in den Kammerspielen: Es ist die letzte Premiere des Erfolgsduos Ulrich Waller und Ulrich Tukur

1. MÄRZ Rund 1800 Bauwagen-Sympathisanten ziehen unter dem Motto »Bambule durchsetzen – Regierung stürzen« von Altona ins Karolinenviertel. Wie so oft in den vergangenen Wochen endet auch diese Demonstration mit Krawallen. 23 Menschen werden in Gewahrsam, drei festgenommen. In der Innenstadt protestieren etwa 5000 Hamburger friedlich für eine nichtmilitärische Lösung der Irak-Krise.

3. MÄRZ Der Schönheitschirurg Reinhard W., der mehr als 20 Frauen bei misslungenen kosmetischen Operationen verunstaltet hat, kommt mit einer Bewährungsstrafe von einem Jahr und neun Monaten davon. Vor dem Prozess hatte der Arzt dreimal vergebens versucht, sich das Leben zu nehmen. Zuvor hatte er im Namen seiner beiden Söhne seine eigene Todesanzeige aufgegeben.

Der Countdown läuft: Die 10,25 Meter hohe und 60 Tonnen schwere Uhr zählt die Stunden bis zur Olympia-Entscheidung

■ Die Hamburger Polizei geht schärfer gegen Zweite-Reihe-Parker vor. Eine Sondertruppe von 30 Mitarbeitern ist in der City und auf zahlreichen Einfallstraßen im Einsatz, um für einen reibungslosen Verkehrsfluss zu sorgen.

4. MÄRZ Das mit Südfrüchten beladene niederländische Kühlschiff »Falcon Bay« gerät aus noch ungeklärten Gründen auf die falsche Fahrwasserseite der Norderelbe und stößt frontal gegen den Edgar-Engelhardt-Kai. Der bereits zugestiegene Hamburger Lotse gibt das Kommando: »Voll zurück.« Dabei bekommt das Schiff solche Fahrt, dass es quer über die Elbe fährt und die Kaimauer des Köhlbrandhöfts am Südufer rammt.

■ Erneut ist ein Jugendlicher aus dem geschlossenen Heim in der Feuerbergstraße ausgebrochen. Er kletterte durch das Fenster eines Mitarbeiters. Wegen Reinigungsarbeiten waren Türen und Fenster nicht verriegelt. Zwei Tage danach wird der Jugendliche von Polizisten beim Diebstahl eines Autos überrascht und ins Heim zurückgebracht.

5. MÄRZ Gesundheitssenator Peter Rehaag (Schill-Partei) gibt bekannt, dass es für die Drogenhilfeeinrichtung Fixstern im Schanzenviertel im Stadtteil keinen Alternativstandort geben wird. Er verweist auf das geplante Drogenhilfe- und Gesundheitszentrum beim Besenbinderhof. Die SPD-Fraktion in der Bürgerschaft befürchtet, dass diese Zentralisierung den Stadtteil St. Georg noch stärker belasten werde.

6. MÄRZ Bürgermeister Ole von Beust setzt sich in Sachen Bambule gegen die Hardliner im Senat und in den Regierungsfraktionen, die keinen neuen Bauwa-

Crash mitten im Hafen: Das niederländische Kühlschiff »Falcon Bay« stößt rückwärts gegen die Kaimauer des Köhlbrandhöfts

genplatz in Hamburg wollen, durch. Er macht den Bauwagenbewohnern ein letztes Angebot: Sie können sich zwischen einem Platz in Moorfleet und einem auf dem Bahngelände in Altona entscheiden. Die Bambulisten nehmen das Angebot zunächst an und entscheiden sich für das Bahngelände an der Kohlentwiete in Altona. Wenige Tage darauf werden Einzelheiten des Senatsangebots bekannt. Der Platz soll eine zentrale Sammelstelle für alle Bauwagenbewohner in Hamburg werden. Dieses Konzept lehnen die Bambulisten ab, weil dessen Annahme bedeute, die Politik der Ausgrenzung und Vertreibung zu akzeptieren.

■ Zum diesjährigen Hamburger Wettbewerb »Schüler experimentieren« meldeten sich 186 Kinder und Jugendliche, die bisher höchste Teilnehmerzahl. 19 Schüler erhalten in den verschiedenen naturwissenschaftlich-technischen Disziplinen einen ersten Platz.

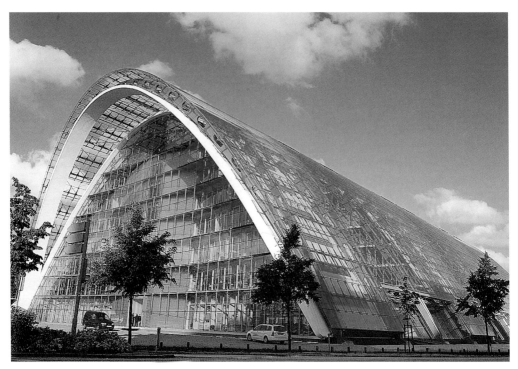

Mit viel Glas zum Erfolg: Der von Hadi Teherani entworfene Berliner Bogen wird auf einer Immobilienmesse zum »schönsten Bürohaus der Welt« erklärt

7. MÄRZ Der 48-jährige Rainer R. aus Reinbek-Ohe hat seinen zwölfjährigen Sohn Marcel und seine 43-jährige Ehefrau mit einem Hammer erschlagen und sich dann erhängt. Diesen Tathergang kann die Polizei rekonstruieren, nachdem ein Bekannter der Familie die Leichen entdeckt hat. Das Motiv der Tat ist unklar.

■ Der Berliner Bogen ist das »schönste Bürogebäude der Welt«. Der Glasbau am Berliner Tor bekommt auf der weltweit größten Immobilienmesse, der MIPIM, den ersten Preis für Bürogebäude.

8. MÄRZ Überraschend verliert Wladimir Klitschko, WBO-Boxweltmeister im Schwergewicht, in der Preussag Arena in Hannover seinen Kampf gegen den Südafrikaner Carrie Sanders in der zweiten Runde durch K. o. Der in Hamburg lebende Ukrainer muss nach dieser Niederlage wohl vorerst den Traum begraben, seine Karriere mit lukrativen Kämpfen in den USA fortzusetzen.

■ Auf dem Werksgelände der Norddeutschen Affinerie an der Müggenburger Straße (Veddel) bricht ein Feuer aus. Nach einem Kurzschluss in einem großen Transformator des Schlackenreinigungsofens entzünden sich rund 1500 Liter Trafo-Öl. Die Feuerwehr gibt Großalarm und kommt der Werksfeuerwehr mit etwa 70 Beamten zu Hilfe. Eine Ausbreitung des Brandes kann verhindert werden.

9. MÄRZ Die Spendenaktion »Hamburg hilft den Flutopfern« vom Hamburger Abendblatt und anderer Medienpartner unter der Schirmherrschaft von Altbundeskanzler Helmut Schmidt ist beendet. Rund sieben Monate nach der verheerenden Flutkatastrophe im Osten Deutschlands ist jetzt das Spendenaufkommen in Höhe von insgesamt 12 965 000 Euro verteilt.

■ Hamburgs Grüne sowie Umweltverbände erheben schwere Vorwürfe gegen Umweltsenator Peter Rehaag. Dieser sei dafür verantwortlich, dass stark mit Ammonium-Stickstoff belastetes Abwasser seit Januar ungeklärt in die Elbe geleitet wird. Rehaag hatte im Januar aus Kostengründen die Ein-

Bei der Norddeutschen Affinerie bricht am 8. März ein Feuer aus. Werksfeuerwehr und 70 Feuerwehrleute verhindern seine Ausbreitung

leitung von Dränage- und Baustellenwasser genehmigt, das bei den Bauarbeiten am Mühlenberger Loch anfällt.

11. MÄRZ Zum 1. Juni wird der Archäologe Rainer-Maria Weiss Direktor des Harburger Helms-Museums. Das Votum des Stiftungsrats des Museums ist einstimmig.

■ Aus dem geschlossenen Heim in der Feuerbergstraße flüchten ein 14 und ein 16 Jahre alter Jugendlicher; sie konnten die Sicherheitstür aufbrechen. Der 14-Jährige war bereits eine Woche zuvor ausgebrochen. Drei Tage darauf werden sie von Polizeibeamten gefasst.

■ Für zwei kaltblütige Morde der vergangenen Monate – beide scheinbar ohne Motiv – ist möglicherweise derselbe Täter verantwortlich. Es geht um die Morde an Karsten P. in Stellingen und an der Hausfrau Natascha K. im Volkspark. In beiden Fällen wurde den Opfern mit einer Schrotflinte ins Gesicht geschossen, und der Täter benutzte jedes Mal die gleiche Munition. Jetzt stellt sich heraus, dass Karsten P. und Natascha K. einander gekannt haben. Einen Tag darauf kann die Polizei einen Tatverdächtigen festnehmen – einen gesuchten Schwerverbrecher, der Natascha K. massiv bedroht haben soll.

13. MÄRZ Das Hamburger Verwaltungsgericht lehnt den Eilantrag des ehemaligen Altonaer Bezirksamtsleiters Uwe Hornauer ab. Hornauer war im Juli des vergangenen Jahres nicht in seinem Amt bestätigt worden, weil er beim Verkauf einer städtischen Immobilie an seine Lebensgefährtin in unangemessener Weise Einfluss genommen haben soll. Mit dem Eilantrag wollte er die Wahl seines Nachfolgers ver-

Peter Jordan als Cyrano und Judith Rosmair als Roxane bei der »Cyrano«-Premiere am 15. März im Thalia Theater

hindern. Das Gericht befindet, dass der Senat nicht verpflichtet sei, Hornauer zum Bezirksamtsleiter zu bestellen, da dieser sich »im Zusammenhang mit einer Grundstücksangelegenheit nicht korrekt verhalten« habe. ■ Der Intendant des Altonaer und des Harburger Theaters, Axel Schneider, wird von der kommenden Saison an auch die Hamburger Kammerspiele leiten. Die Kultursenatorin stellt dem neuen Intendanten Subventionen in der bisherigen Höhe von 932000 Euro zur Verfügung, obgleich bisher weder ein Konzept noch ein Spielplan vorliegen.

19. MÄRZ Deutschlands erstes ökologisches Einkaufszentrum, das Vivo an der Bahrenfelder Straße in Altona, steht vor dem Aus. Finanzsenator Wolfgang Peiner (CDU) erklärt das in den 90er-Jahren vom rot-grünen Senat beschlossene Konzept für unwirtschaftlich. Er beauftragt die Sprinkenhof AG, ein erweitertes Nutzungskonzept zu erarbeiten.

20. MÄRZ Der Autobahndeckel über die A7, die Verbindung von der A7 zur A26,

die Elektrifizierung der Bahnstrecke Hamburg–Lübeck, ein drittes Gleis zwischen Wandsbek und Ahrensburg und ein zweites Gleis auf der Strecke Rothenburgsort–Horn–Wandsbek: Das sind die für Hamburg wichtigsten Projekte, die als »vordringlich« in den neuen Bundesverkehrswegeplan aufgenommen wurden.

21. MÄRZ Der FC St. Pauli verliert am Millerntor 1:2 gegen den SSV Reutlingen. Damit sind nun wohl alle Hoffnungen auf den Klassenerhalt begraben.

22. MÄRZ Am ersten Wochenende nach Beginn des zweiten Golfkriegs protestieren in Hamburg rund 10000 Menschen gegen den Angriffskrieg der USA und Großbritanniens.

Seit Monaten ausverkauft: das Konzert der Red Hot Chili Peppers am 23. März in der Color Line Arena

Auch am 22. März demonstrieren wieder mehrere Tausend Menschen in Hamburg gegen den Krieg im Irak

■ Die Alsterwiesen, die zu großen Teilen seit einem Jahr unter Wasser stehen, werden trockengelegt. Rund 6000 Liter werden abgepumpt und in die Kanalisation geleitet. Doch schon vier Tage darauf sind die Alsterwiesen erneut überflutet. Der Grund: ein Leck an einem unterirdischen Hydranten der Hamburger Wasserwerke.

■ Im historischen Krönungssaal des Aachener Rathauses werden die »European Newspaper Awards« für die am besten gestalteten Zeitungsseiten des Jahres 2002 vergeben. Sieben Urkunden erhält das Hamburger Abendblatt. Es wird für seine vorbildliche Berichterstattung über die Flutkatastrophe an der Elbe ausgezeichnet. Und bereits zum

zweiten Mal wird das Journal »Wissen« des Hamburger Abendblatts prämiert.

23. MÄRZ In einer bisher einmaligen konzertierten Aktion fordern Hamburger Bühnen und prominente Künstler Bürgermeister Ole von Beust auf, Hamburgs Kultur zur Chefsache zu machen, sonst könne Hamburgs »guter Ruf als Metropole mit einer auf hohem Niveau agierenden Kulturszene« beschädigt werden. Die Kritik der Künstler richtet sich vor allem gegen Kultursenatorin Dana Horáková (parteilos). Der Weggang von Generalmusikdirektor Ingo Metzmacher sowie das Scheitern der Verhandlungen über die Intendanz von Dominique Horwitz an den Kammerspielen werden ihr zur Last

Polizisten tragen eine Teilnehmerin der Schüler-Demo weg. Das harte Vorgehen der Polizei stößt später auf Kritik

gelegt. Doch der Bürgermeister stellt sich vor seine Senatorin: Sie mache gute Arbeit.

24. MÄRZ Am ersten Tag nach den Ferien demonstrieren rund 20 000 Schüler gegen den Irak-Krieg. Nach Abschluss der Kundgebung protestieren etwa 1000 Teilnehmer weiter vor der Absperrung zum US-Konsulat. Die Situation eskaliert. Es werden Steine und Flaschen geworfen, die Polizei setzt Wasserwerfer ein. Die Vorgehensweise der Beamten wird am Tag darauf von Schülern und Eltern stark kritisiert. Den Einsatzkräften wird vorgeworfen, sie hätten Schüler verfolgt und verprügelt. Außerdem sollen sie 150 Jugendliche anderthalb Stunden lang eingekesselt haben. Innenstaatsrat Walter Wellinghausen und Bürgermeister Ole von Beust rechtfertigen das Vorgehen der Polizei.

25. MÄRZ Forscher des Bernhard-Nocht-Instituts entdecken in Zusammenarbeit mit Frankfurter Virologen, dass der Erreger der gefährlichen und hochansteckenden Lungenentzündung SARS zur Gruppe der Coronaviren gehört, die Atemwegserkran-

kungen hervorrufen. US-Experten weisen in Patientenproben ebenfalls Coronaviren nach. Die Lungenseuche grassiert zurzeit vor allem in Asien. Die deutschen Wissenschaftler analysierten Proben eines Arztes aus Singapur, der am 15. März mit Lungenentzündung und hohem Fieber in die Isolierstation der Frankfurter Uniklinik eingeliefert worden war.

26. MÄRZ Der traditionsreiche Medienpreis Bambi, den der Burda Verlag seit 1948 vergibt, wird in diesem Jahr in Hamburg verliehen, und zwar im »Theater im Hafen«, der Spielstätte des »Königs der Löwen«.

27. MÄRZ Eltern hochbegabter Kinder finden jetzt auch in Hamburg eine spezielle Beratung. Der Verein Hochbegabtenförderung eröffnet in Winterhude eine Anlaufstelle. Weil sich diese Kinder in der Schule geistig meist unterfordert fühlen, sollen nun auch in Hamburg zum Beispiel bereits für Siebenjährige Biologie-, Computer- oder Architekturkurse angeboten werden.

Nach zwei Jahren Umbau wie neu: der Busbahnhof Wandsbek Markt

Cees Nooteboom (l.) und Siegfried Lenz mit Birte Toepfer bei der Verleihung des Hansischen Goethepreises im Festsaal des Rathauses

■ Im Großen Festsaal des Hamburger Rathauses erhält Cees Nooteboom den Hansischen Goethepreis der Alfred Toepfer Stiftung – »weil er sich der Begegnung mit dem Fremden verschrieben« habe, so Laudator Bernhard Böschenstein. Siegfried Lenz wird als einer der profiliertesten deutschen Schriftsteller mit der Goethe-Medaille geehrt.

■ Die Betriebskrankenkasse Hamburg (BKK) veröffentlicht eine Liste mit zehn Hamburger Arztpraxen, in denen angeblich besonders häufig krankgeschrieben wird. Diese Liste liegt einem Schreiben an 2000 Hamburger Unternehmen bei, in dem die BKK die Firmen auffordert, Mitarbeiter zu melden, die auffällig häufig krank seien. Es gehe darum, »Blaumacher und auffällige Ärzte zu identifizieren«. Die Ärztekammer ist empört. Dieses Vorgehen sei nicht nur aus datenschutzrechtlicher Sicht bedenklich, sondern bedeute auch eine gewaltige Rufschädigung für die genannten Ärzte. Die zehn Mediziner streben eine Sammelklage gegen die BKK an. Die Gesundheitsbehörde prüft, ob die Krankenkasse gesetzwidrig gehandelt hat.

28. MÄRZ Verkehrssenator Mario Mettbach eröffnet den neuen Busbahnhof Wandsbek Markt. Zwei Jahre lang ist er bei laufendem Bus- und U-Bahn-Verkehr umgestaltet worden. Das neue Glasdach ist das Highlight der fünf Millionen Euro teuren Investition.

Verteidigt in der Color Line Arena seinen Titel als Boxweltmeister: Dariusz Michalczewski

29. MÄRZ Dariusz Michalczewski bleibt Boxweltmeister im Halbschwergewicht. Er verteidigt seinen WBO-Titel gegen den US-Amerikaner Derrick Harmon vor 15 000 Fans in der Color Line Arena.

31. MÄRZ Karl-Joachim Dreyer wird mit dem Bundesverdienstkreuz ausgezeichnet. In der Behörde für Wirtschaft und Arbeit überreicht Wirtschaftsminister Gunnar Uldall den Orden an den »echten Hanseaten«. Der Haspa-Vorstandschef wird für sein großes ehrenamtliches Engagement geehrt. Unter anderem ist er ehrenamtlicher Handelsrichter, Vorsitzender des Rechts- und Innenausschusses. Und im Jahr 2002 hat er das Amt des Präses der Handelskammer übernommen.

Haspa-Chef Karl-Joachim Dreyer und seine Frau Bärbel bei der Verleihung des Bundesverdienstkreuzes

Was sonst noch geschah

■ **3. MÄRZ:** Horst Buchholz stirbt mit 69 Jahren in Berlin. Er war einer der wenigen deutschen Schauspieler, die den Sprung nach Hollywood schafften.

■ **11. MÄRZ:** Mit der Vereidigung der 18 Richter wird in Den Haag der Internationale Strafgerichtshof (ICC) zur Verfolgung von Völkermord, Kriegsverbrechen und Verbrechen gegen die Menschlichkeit feierlich eröffnet.

■ **12. MÄRZ:** Der serbische Ministerpräsident Zoran Djindjić wird vor dem Regierungsgebäude in Belgrad erschossen.

■ **18. MÄRZ:** Das Verbot der rechtsextremistischen NPD scheitert vor dem Verfassungsgericht. Wegen der vielen V-Leute in den Vorständen der Partei sei diese zu sehr vom Staat beeinflusst worden.

■ **20. MÄRZ:** Der Krieg gegen den Irak beginnt. Ohne UNO-Mandat überschreiten US-Einheiten und britische Truppen die Grenze von Kuwait in den Irak. Bagdad wird bombardiert. Der vorgebliche Grund: die Vernichtung von irakischen Massenvernichtungswaffen. Weltweit demonstrieren Hunderttausende Menschen gegen den Angriffskrieg. Allein in Berlin sind es 70 000.

■ **23. MÄRZ:** Mit »Nirgendwo in Afrika« von Caroline Link wird nach 23 Jahren ein deutscher Film mit einem Oscar ausgezeichnet.

APRIL

1. APRIL Das Hamburger Bernhard-Nocht-Institut weist SARS an dem ersten Deutschen nach. Der 72-Jährige aus Nordrhein-Westfalen war zwei Wochen zuvor von einer Gruppenreise nach Vietnam und Singapur zurückgekehrt.

■ Die Bambule-Verhandlungen scheitern wieder einmal: Zwar stimmen die Bauwagenbewohner dem Angebot des Senats zu, an die Altonaer Kohlentwiete zu ziehen. Allerdings wollen sie den Platz weder, wie vom Senat vorgeschlagen, als Übergangslösung noch als Auffangbecken für andere noch aufzulösende Bauwagenplätze akzeptieren. Der Senat betrachtet damit sein Angebot als abgelehnt.

»Jugend forscht« : Laura-Kathrin Behlich und Felix Christoph Jarck haben Miesmuscheln auf Schwermetall untersucht

■ Das Urteil gegen den Schauspieler Ralf Wolter: zehn Monate Haft auf Bewährung, außerdem muss er 10 500 Euro an gemeinnützige Organisationen zahlen. Der »Sam Hawkins« aus den Karl-May-Filmen hatte am 22. Mai vorigen Jahres durch ein riskantes Wendemanöver auf der A24 einen schweren Unfall verursacht, bei dem drei Menschen starben.

■ Der Senat beschließt ein neues Arbeitszeitmodell für Lehrer, in das zum ersten Mal alle Tätigkeiten einfließen sollen, also auch Korrekturen, Vor- und Nachbereitung des Unterrichts, Verwaltung, Konferenzen und Elterngespräche. Dem Modell liegt eine 40-Stunden-Woche (statt bisher 38,5) zu Grunde, was zu heftigen Protesten bei Hamburger Lehrern führt.

■ Die Sieger des 38. Hamburger Landeswettbewerbs »Jugend forscht« werden in den Räumen der Beiersdorf AG in Eimsbüttel geehrt. 73 Schüler hatten insgesamt 36 Forschungsprojekte aus den Bereichen Arbeitswelt, Biologie, Chemie, Geo- und Raumwissenschaften, Mathematik/Informatik, Physik und Technik eingereicht. Bildungssenator Rudolf Lange lobt die »Forscher von morgen«.

■ Dem Bundesgrenzschutz (BGS) gelingt ein spektakulärer Schlag gegen eine internationale Schleuserbande: 400 Beamte nehmen bei einer Razzia 21 Männer fest – unter ihnen zwei Bandenbosse – und heben zwei Fälscherwerkstätten aus. Die Fahnder finden u. a. gefälschte Personalausweise, Blanko-Führerscheine und Kreditkartenrohlinge. Der BGS hatte seit Oktober 2002 gegen die Bande ermittelt.

Vor 7000 Fans feiert Nena am 2. April in der Color Line Arena ihr 20-jähriges Bühnenjubiläum: Mit dabei: »99 Luftballons«, Udo Lindenberg, Markus und Howard Jones

2. APRIL Glanzvolle Feier für die Sieger des größten Hamburger Existenzgründer-Wettbewerbs in der alten Hagenbeckschen Dressurhalle des Tierparks. Geehrt werden Albert Darboven für sein Lebenswerk, der Handwerker Gerd Leopold als Unternehmer des Jahres und die Firma Indivumed, die Daten für die Krebsforschung sammelt, als beste Existenzgründung. Der Gründungspreis wird vom Hamburger Abendblatt gemeinsam mit der Haspa, dem Sender Hamburg 1 und den Unternehmensverbänden ASU und BJU ausgelobt.
■ Der neue Mann im Hafen heißt Klaus-Dieter Peters. Er löst Peter Dietrich als Vorstandsvorsitzenden der Hamburger Hafen- und Lagerhaus AG ab. Dietrich wird bei der

Feier mit 400 Gästen im Atlantic Hotel von Bürgermeister Ole von Beust als »Hamburger Institution« gewürdigt.

4. APRIL Neun junge Talente des Wettbewerbs »Schreibzeit« werden bei der Preisverleihung im Literaturhaus geehrt: Die ZEIT-Stiftung Ebelin und Gerd Bucerius hatte Schülerinnen und Schüler der 7. bis 13. Klasse zu dem Wettbewerb aufgerufen, das Hamburger Abendblatt war Partner der Aktion. 727 Beiträge waren zu dem Thema »Hamburg_Underground« eingegangen. Unter den Preisen: auch ein Schreib-Workshop mit dem Regisseur und Autor Kristo Sagor.
■ Beginn des SPD-Landesparteitags zum Thema Innere Sicherheit. Auf der Tagesord-

Kirsi Drews, Bendix Fesefeldt, Solveig Lena Hausen, Amadeus Haux, Verena Klimkeit, Victoria Meister, Katharina Rutzen, Andrea Springer: Die erfolgreichen Teilnehmer des Schreib-Wettbewerbs nehmen im Literaturhaus ihre Preise und Auszeichnungen von ZEIT-Stiftungsvorstand Prof. Michael Göring und Abendblatt-Chefredakteur Menso Heyl entgegen

nung stehen u. a. der umstrittene Einsatz von Brechmitteln bei Drogendealern und die Unterbringung krimineller Jugendlicher in geschlossenen Heimen. Zwar einigt sich die Partei auf den neuen Kurs, doch gerät der

7. APRIL Dieter Wedels Olympia-Film, mit dem sich Hamburg beim Finale im Wettbewerb um Deutschlands Kandidaten für die Sommerspiele 2012 präsentieren will, hat Premiere und fällt bei den Kritikern

Nach fast 40 Jahren wieder auf der Alster: ein echtes Ruder-Spektakel. Rund 15 000 Hamburger verfolgen an der Binnenalster die »Speedrows«-Wettkämpfe von Weltklasse-Achtern. Bei eisigem Nordwestwind gewinnt Weltmeister Kanada

Parteitag zu einem Debakel für Landeschef und SPD-Generalsekretär Olaf Scholz: Die 360 Delegierten machen ihrem Unmut über Schröders Agenda 2010 Luft und stimmen schließlich mit knapper Mehrheit für einen Sonderparteitag der Bundes-SPD. Die Entscheidung fällt ausdrücklich gegen den Willen von Olaf Scholz. Scholz macht sich bei vielen Mitgliedern unbeliebt, als er den Beschluss zunächst als unbedeutend hinstellt.

durch. Am Tag darauf wird die Werbeagentur Springer & Jacoby beauftragt, einen Alternativfilm zu drehen. Den Kreativen bleiben vier Tage Zeit, sie werden buchstäblich in letzter Minute fertig.

8. APRIL Am Flughafen sackt am frühen Nachmittag die Zufahrtsbrücke zu Terminal 4 ab und knickt auf einer Länge von 20 Metern ein. Gleichzeitig laufen Teile der Baustelle für die neue S-Bahn voll Was-

Licht-Premiere für die Freihafen-Elbbrücke: An 45 Pfeilern hängen 90 Scheinwerfer mit je 35 Watt. Pro Jahr beleuchten sie das Bauwerk etwa 4000 Stunden lang

ser, die Baugrube stürzt sechs Meter tief ein. In den entstehenden Krater von etwa 150 Kubikmeter Größe rutschen Gerüste, Bauteile, Motorroller und ein Auto. Verwüstung auch in einigen Büros in Terminal 3, wo Deckenteile herabstürzen. Verletzt wird niemand. Unglücksursache ist ein Wasserschaden. Es folgen monatelange Verkehrsbehinderungen.

9. APRIL Wilhelmsburg soll aufblühen: Im Jahr 2013 kommt die europäische Gartenbauausstellung nach Hamburg, verkündet Karl Zwermann, Präsident der Deutschen Bundesgartenbaugesellschaft. Vorgesehen ist ein zentraler Park in Wilhelmsburg mit Gärten, einem Erlebnis- und Sportbereich und Sonderschauen, außerdem eine Uferpromenade an der Süderelbe.

10. APRIL Die Bürgerschaft verabschiedet das lange umstrittene Kita-Gesetz. Neu ist die Einführung von Gutscheinen. Sie werden von den Jugendämtern ausgegeben. Anhand eines Kriterienkatalogs wird der Betreuungsanspruch festgelegt. Mehrmals hatten Eltern gegen das Vorhaben demonstriert. Das neue System soll am 1. August in Kraft treten.

11. APRIL Der Finanzjongleur Jürgen Harksen wird zu sechs Jahren und neun Monaten Haft verurteilt, seine Ehefrau Jeanette zu zwei Jahren auf Bewährung. Harksen hatte drei Anleger mit frei erfundenen Investitionsgeschäften um insgesamt 28,4 Millionen Mark betrogen. Die Fälle der

Eintauchen in die HEW-Lesetage: Zur Eröffnung lesen John von Düffel und Moritz Rinke im Kaifu-Schwimmbad aus ihren Werken

Leipzig statt Hamburg: Enttäuschung bei vielen sportbegeisterten Hamburgern, die sich zur Olympia-Bewerber-Feier auf dem Rathausmarkt treffen

weiteren 300 Anleger konnten nicht verhandelt werden. Erst im Oktober vorigen Jahres war der Betrüger nach neunjähriger Flucht von Kapstadt nach Deutschland ausgeliefert worden.

12. APRIL Hamburgs Olympia-Träume platzen um 16.38 Uhr: Sieger im Rennen um Deutschlands Bewerbung für die Olympischen Sommerspiele 2012 ist Leipzig. Mehr als 25 000 Menschen verfolgen die Live-Übertragung der NOK-Entscheidung auf dem Rathausmarkt; die Enttäuschung ist riesig, als Bundeskanzler Gerhard Schröder (SPD) nach dem vierten Wahlgang das Endergebnis verkündet. Obwohl Hamburg als aussichtsreichster Kandidat galt, um auch international bestehen zu können, lag Leipzig in allen vier Wahlgängen deutlich vor der

Ende der Olympia-Party: zerplatzte Träume und weggeworfene Fähnchen auf dem Rathausmarkt

Zum letzten Mal im Mojo tanzen: Die Reeperbahn hat eine Attraktion weniger. Die Gäste stehen bis weit auf die Reeperbahn Schlange, um vom Mojo Abschied zu nehmen

Hansestadt. Austragungsort der Segelwettkämpfe soll Rostock werden.

■ Der legendäre Mojo Club feiert mit rund 700 Gästen Abschied: Der für seinen »Dancefloor Jazz« international bekannte Club an der Reeperbahn schließt, weil die Stadt das Gebäude abreißen will. Eine Neueröffnung ist nicht in Sicht, die Club-Einrichtung wird bei eBay versteigert.

14. APRIL Meinungsumschwung bei Olaf Scholz: Der SPD-Generalsekretär und Landeschef verkündet die Einberufung eines Sonderparteitags zu Bundeskanzler Gerhard Schröders Reformplänen für den 1. Juni. Derweil wächst in der Hamburger Basis die Kritik an Scholz.

16. APRIL Die HEW-Lesetage gehen zu Ende. Die überaus erfolgreiche Bilanz der Veranstalter: 140 Autoren lockten innerhalb von sieben Tagen 10000 Literaturfans aus dem Lesesessel daheim zu mehr als 100 Veranstaltungen.

20. APRIL In der Nacht zum Ostersonntag brennt die Christians Druckerei in

Shakira beweist am 14. April in der Color Line Arena, dass sie weitaus mehr ist als die kolumbianische Variante von Britney Spears

Ottensen ab. Rund 80 Feuerwehrmänner kämpfen gegen die Flammen. Verletzt wird niemand, die Druckerei schätzt den Schaden auf fünf Millionen Euro. Die Polizei schließt Brandstiftung nicht aus. Bereits am Karfreitag hatte in Finkenwerder eine Förderanlage der Stahlwerke gebrannt.

22. APRIL Beim traditionellen Senatsempfang »Hamburger Bürgertag« werden neun Portugaleser-Medaillen vergeben – ein Dank an verdiente Bürger. Ausgezeichnet werden in diesem Jahr mit einem silbernen Portugaleser Hannelore und Helmut Greve, Gyula Trebitsch, Kazuo Kanemaki, Helga

Siegert für die Hamburger Volksbühne und das Hamburger Abendblatt. Bronze verdient haben sich Ursula Borchert, Lisa Hiemer, Gerd Hoffmann und Günther Wulff. Die Portugaleser werden zum 25. Mal vergeben.

24. APRIL Die Verhandlungen zwischen Hamburg und der Nordelbischen Landeskirche über einen Staatskirchenvertrag scheitern am Widerstand von Innensenator Ronald Schill. Er sorgt für Empörung auch in den eigenen Reihen, weil er den Vertrag ablehnt mit den Worten: »Ein Hamburger kniet vor niemandem nieder. Auch nicht vor der Kirche.« Das Verhältnis zwi-

Victoria, die kleine Eisbärin, bei ihrem ersten Ausflug ins Freigehege von Hagenbecks Tierpark

schen Schill und Bischöfin Maria Jepsen gilt als gespannt. Hamburg wäre das letzte Bundesland gewesen, das einen Staatskirchenvertrag erhalten hätte.

■ Peinliche Panne in der Altonaer Bezirksversammlung: Uwe Hornauer soll das Misstrauen ausgesprochen und Hinnerk Fock (FDP) als sein Nachfolger gewählt werden. Am Ende scheitert die Wahl an einer ungültigen Stimme: Ein Abgeordneter der Mitterechts-Koalition vergisst, Focks Namen auf den Wahlzettel zu schreiben.

25. APRIL Ortsgespräche für 1,5 Cent pro Minute – das Ende des Telekom-Monopols macht's möglich. Durch Call by Call bekommt die Deutsche Telekom erstmals Konkurrenz im Ortsnetz.

Der Sieg bei den Marathon-Skatern bleibt in der Familie: Nach Luca Presti im Vorjahr gewinnt dieses Mal sein Bruder Massimiliano vom Team Saab

Die 320 Meter lange »Berlin Express« von Hapag-Lloyd hat eine würdige Taufpatin: Verlegerin Friede Springer

26. APRIL Aus dem geschlossenen Heim in der Feuerbergstraße flüchten erneut zwei 14 Jahre alte Jugendliche. Zwar kommt der eine noch am gleichen Tag freiwillig zurück, während der zweite von der Polizei zurückgebracht wird, doch gelingt ihnen am folgenden Tag die Flucht noch einmal. Einer der beiden war zuvor bereits zweimal geflüchtet. Schließlich zieht Wolfgang Lerche, Geschäftsführer des Landesbetriebes Erziehung und Berufsbildung, die Konsequenzen und lässt sich suspendieren.

27. APRIL Der Spanier Julio Rey läuft beim 18. Hamburger Olympus Marathon als Erster durchs Ziel an der Karolinenstraße – er braucht nur zwei Stunden, sieben Minuten und 27 Sekunden und stellt damit einen

Von Anfang an heftig umstritten: Jeff Koons Idee, den Spielbudenplatz mit einem Kunstwerk zu versehen, das aus zwei Kränen besteht

denen stilisierte Gummischwimmtiere hängen – soll fünf Millionen Euro kosten und führt in den folgenden Wochen zu erbosten Protesten.

Was sonst noch geschah

■ **7. APRIL:** Die amerikanischen Truppen stürmen in Bagdad drei Paläste Saddam Husseins. Von dem irakischen Diktator fehlt jede Spur. Unterdessen kommt der »Focus«-Reporter Christian Liebig bei einem Raketenangriff der irakischen Armee in der Nähe von Bagdad ums Leben.
■ **16. APRIL:** Die 15 EU-Staaten besiegeln in Athen gemeinsam mit den zehn Beitrittskandidaten die Erweiterung der Union. Ab 1. Mai 2004 sollen 25 Länder zur Europäischen Union gehören.
■ **17. APRIL:** Papst Johannes Paul II. unterzeichnet seine 14. Enzyklika und untersagt darin den Katholiken ein gemeinsames Abendmahl mit Protestanten.
■ **22. APRIL:** Hoffnungsschimmer im Irak: Zum ersten Mal seit einem Vierteljahrhundert versammeln sich in der irakischen Stadt Kerbela Hunderttausende Schiiten zu einer religiösen Zeremonie. Saddam Hussein hatte schiitische Pilgerfahrten stets verboten.
■ **25. APRIL:** In Bremen entführt ein 17 Jahre alter Libanese einen Linienbus und bringt 16 Menschen in seine Gewalt. Sieben Stunden später gibt der Kidnapper auf, das Geiseldrama endet unblutig. Der Täter wollte Al-Kaida-Terroristen freipressen.

Streckenrekord auf. Insgesamt waren 17 807 Läufer, Skater und Rollstuhlfahrer aufgebrochen, angefeuert von rund 300 000 Zuschauern.

29. APRIL Der US-Künstler Jeff Koons stellt mit Bausenator Mario Mettbach das Modell vor, das er für den Spielbudenplatz in St. Pauli entworfen hat. Sein Entwurf – zwei 110 Meter hohe fest installierte Kräne, an

Ausweitung der Kampfzone: Martin Kusej inszeniert Albert Ostermaiers »Auf Sand«. Das Eifersuchts-drama feiert am 3. Mai am Thalia in der Gaußstraße Premiere

1. MAI Die Ausschreitungen am Vorabend des 1. Mai halten sich in diesem Jahr wegen massiven Polizeieinsatzes in Grenzen. Allerdings werden 91 Demonstranten vorübergehend in Gewahrsam genommen. Friedlich hingegen bleibt die Mai-Demonstration: Knapp 5000 Menschen protestieren gegen die Sozialpolitik der Bundesregierung. Redner der Abschlusskundgebung auf dem Fischmarkt ist Ver.di-Bundesvorsitzender Frank Bsirske.

2. MAI Die ersten beiden Personal-Service-Agenturen (PSA) nehmen die Arbeit auf. Sie stellen ihnen vom Arbeitsamt zugewiesene Arbeitslose an und versuchen, sie in Unternehmen unterzubringen. Die Agenturen sind das Herzstück der Hartz-Reform, sie sollen in Hamburg zunächst 400 bis 500 Menschen wieder in den Arbeitsmarkt integrieren. Für das PSA-Programm stehen in diesem Jahr in Hamburg 14 Millionen Euro zur Verfügung.

Die »Fliegenden Bauten« stellen Insolvenzantrag. Die Schulden des Zelttheaters an der Glacischaussee belaufen sich auf 1,5 Millionen Euro. Der Spielbetrieb geht trotzdem weiter. Es werden neue Investoren gesucht.

5. MAI Zum ersten Mal gehen Bürger in Hamburg gerichtlich gegen den Senat vor, weil sie sich um ihre Rechte betrogen fühlen: Rechtsanwalt Andy Grote reicht beim Verwaltungsgericht die Klage zweier Bürgerinitiativen aus Wohldorf und Bergstedt gegen den Senat ein. Sie wollen sich dagegen wehren, dass der Senat zuvor Bürgerentscheide gegen seine Bauvorhaben verhindert hatte.

Der frühere sowjetische Partei- und Staatschef und Friedensnobelpreisträger Michail Gorbatschow stellt im Hamburger Rathaus die World Awards vor. Symbolisiert durch eine Plastik von Auguste Rodin, soll der Preis am 22. Oktober erstmals in Hamburg verliehen werden und Männer auszeichnen, die sich für eine bessere Welt einsetzen.

Werben für eine glanzvolle Preisverleihung: Bürgermeister Ole von Beust und Michail Gorbatschow

Straßenumbenennung in Blankenese: Der Bahnhofsplatz erinnert nun als Erik-Blumenfeld-Platz an den CDU-Politiker der Nachkriegszeit

6. MAI Schauspielhaus-Intendant Tom Stromberg verkündet, er wolle seinen Vertrag bis 2008 verlängern. Er kommt damit Kultursenatorin Dana Horáková zuvor, die bereits mehrfach erklärt hatte, eine Vertragsverlängerung komme nur in Betracht, »wenn die Zahlen stimmen«.

An sechs Hamburger Schulen fällt der Unterricht fast ganz aus, weil sich insgesamt 240 Lehrer krankmelden. Sie folgen dem Aufruf eines anonymen Flugblattes und protestieren so gegen das neue Lehrerarbeitszeitmodell. Auch am folgenden Tag kommt es zu erheblichen Unterrichtsausfällen betroffen sind die Gesamtschulen Fischbek und Niendorf, die Grundschule Rönneburg, die

Der Riesenpropeller »Panic« verschafft mutigen Hamburgern einen neuen Blick auf das bunte Treiben des 814. Hafengeburtstags

Haupt- und Realschule Sinstorf und die Ganztagsschule Ludwigstraße. Die Lehrer kündigen Bildungssenator Rudolf Lange einen »heißen Sommer« an. Im Gegenzug verlangt die Schulbehörde von nun an ab dem ersten Tag der Krankheit ein ärztliches Attest.

7. MAI Bundeskanzler Gerhard Schröder versucht in der Fischauktionshalle, die SPD-Basis in Hamburg auf seine Agenda 2010 einzuschwören. Zu der dritten von vier Regionalkonferenzen kommen rund 1200 Genossen. Die Begeisterung für seine Ideen zum Umbau des Sozialstaats hält sich in Grenzen.

9. MAI Der Blankeneser Bahnhofsplatz heißt von nun an Erik-Blumenfeld-Platz. Der CDU-Nachkriegspolitiker hatte sich für die Aussöhnung mit Israel und die Freundschaft mit den USA engagiert. Die Umbenennung des Platzes beendet eine monatelange Diskussion – der Blankeneser Bürgerverein etwa fand den Platz ungeeignet für eine Umbenennung.

■ Nostalgie am Rothenbaum: Zum ersten Abend des Daviscup-Revivals zwischen Deutschland (mit Boris Becker und Michael Stich) und den USA (mit John und Patrick McEnroe) kommen mehr als 10 000 Zuschauer. Für einen fulminanten Auftritt sorgt

Nena, die Beckers Lieblingslied »Wunder geschehen« singt und alle Tennisregeln bricht, indem sie ihr Publikum zu sich auf den roten Court bittet. Auch Becker und Stich werden mit Standing Ovations gefeiert. Boris Becker versucht, mit neuem Konzept Tennis am Rothenbaum wiederzubeleben.

■ Den 814. Hafengeburtstag feiern in diesem Jahr rund 1,2 Millionen Besucher. Sie bewundern 300 Schiffe, trinken 125 000 Liter Bier, essen 250 000 Bratwürste und hinterlassen nach drei Tagen rundum zufriedene Veranstalter.

10. MAI Ein 4,3 Millionen Euro schweres Sparpaket beschließt die nordelbische Synode in Rendsburg. Die Kürzungen bedeuten unter anderem den Verlust von kirchlichen Arbeitsplätzen.

■ Von dem frisch umbenannten Erik-Blumenfeld-Platz werden die Straßenschilder gestohlen – nur 24 Stunden nachdem sie aufgestellt worden sind. Die Ersatzschilder kommen

Simply Red eröffnen die Open-Air-Saison im Stadtpark: Frontmann Mick Hucknall heizt dem Publikum kräftig ein – trotz Regens

eine Woche später und werden von Unbekannten geschwärzt, kaum dass sie stehen.

11. MAI In der Kottwitzstraße 37 in Hoheluft-West zündet ein arbeitsloser Mieter das Haus an und geht mit einem Messer auf einen seiner Nachbarn los. 80 Feuerwehrleute verhindern ein Übergreifen des Feuers auf die umliegenden Häuser. Die Bilanz des Brandes: 58 Menschen verlieren ihr Zuhause.

12. MAI Aus Protest gegen das neue Arbeitszeitmodell beschließen die Hamburger Sportlehrer, im kommenden Schuljahr Sportfeste und Wettkämpfe wie »Jugend trainiert für Olympia« zu streichen.

14. MAI Der diesjährige Studenten-Oscar in der Kategorie »Ausländischer Film« geht nach Hamburg. Ihn gewinnt der Kurz-

Ballsaison am Rothenbaum: beste Stimmung beim ATP-Masters-Turnier

Jumbo-Glück ins Rüssels Heim: Bei Hagenbecks Asiatischen Elefanten hat es Nachwuchs gegeben. Nach 657 Tagen Tragzeit bringt Elefantenkuh Yashoda eine gesunde Tochter zur Welt. Stolzes Geburtsgewicht: 100 Kilo

film »Die rote Jacke« von Kai Lichtenauer, Produzent und Absolvent des Film-Studiengangs der Uni Hamburg.

15. MAI Die australische Dirigentin Simone Young unterzeichnet einen Fünf-Jahres-Vertrag als Opernintendantin und Geschäftsführerin der Staatsoper sowie als Generalmusikdirektorin des Philharmonischen Staatsorchesters. Damit sind die Spekulationen um die Nachfolge von Generalmusikdirektor Ingo Metzmacher beendet.

■ Zum Gedenken an die Bücherverbrennung vor 70 Jahren lädt der Arbeitskreis »Bücherverbrennung – nie wieder!« zu einem Lesemarathon ein. Von zwölf Uhr mittags bis Mitternacht treffen sich Schauspieler, Schüler, Studenten und Bürger am

Für die Fans bricht die Welt zusammen: Am vorletzten Spieltag steht fest, dass der FC St. Pauli in die Regionalliga absteigt

Gedenkplatz am Kaiser-Friedrich-Ufer und lesen Texte der »verbrannten« Autoren. Zur Eröffnung trägt Bürgerschaftspräsidentin Dorothee Stapelfeldt ein Gedicht der Hamburger Lyrikerin Margarete Susman vor.

17. MAI In der Paulstraße beginnen die Abrissarbeiten. Die Häuser weichen der künftigen Europa-Passage.

■ 34 000 Kunstbegeisterte strömen in der »Langen Nacht der Museen« in die 37 Häuser – angefangen vom Pumpwerk Hafenstraße über das Speicherstadtmuseum bis hin zum Bucerius Kunst Forum.

18. MAI Lob und Ehre für das Thalia Theater: Beim 40. Berliner Theatertreffen bekommt Fritzi Haberlandt für ihre Rollen in Schnitzlers »Liebelei« und »zeit zu lieben, zeit zu sterben« den Alfred-Kerr-Darstellerpreis als Nachwuchsschauspielerin, ihre Kollegin Susanne Wolff teilt sich mit Anne Tismer von der Berliner Schaubühne den 3sat-Preis für ihre jeweiligen »Nora«-Darstellungen.

Müssen der neuen Europa-Passage weichen: die Häuser in der Paulstraße

■ Das Tennis-ATP-Masters-Turnier am Rothenbaum endet mit einer Art Freundschaftsspiel: Der 21-jährige Argentinier Guillermo Coria besiegt in drei Sätzen seinen Landsmann und Weggefährten Agustin Calleri.

■ Das 4:0 gegen Duisburg nützt dem FC St. Pauli auch nichts mehr: Der Abschied aus der Zweiten Bundesliga nach 17 Jahren Profifußball ist am vorletzten Spieltag besiegelt.

Blau, modern und funktional: Die neuen Polizeiuniformen, entworfen von Luigi Colani, präsentiert die Innenbehörde am 19. Mai

20. MAI Justizsenator Roger Kusch muss zugeben, den Bauwagenplatz in der Altonaer Gaußstraße nicht wie geplant räumen zu können. Der Senat hatte übersehen, dass sein Vertrag mit den Bewohnern eine Nutzungsverlängerung von zweieinhalb Jahren vorsieht.

21. MAI Die neue Airbus-Montagehalle in Finkenwerder ist fertig. Prominentester Gast bei der Schlüsselübergabe: Gerhard Schröder. Der Bundeskanzler sichert für die Zukunft Hilfe und Unterstützung zu.

■ Erneuter Schock für den FC St. Pauli: Bürgermeister Ole von Beust muss Vereinspräsident Corny Littmann mitteilen, dass die ersehnte Zwei-Millionen-Euro-Bürgschaft für den gebeutelten Club nicht zu Stande kommt. Damit droht dem FC nicht nur die Insolvenz, sondern auch nach dem Abstieg in die Regionalliga der Zwangsabstieg in die Oberliga.

22. MAI Im zweiten Anlauf wird Hinnerk Fock zum neuen Bezirksamtsleiter von Altona und damit zum Nachfolger von Uwe Hornauer gewählt.

■ Neue Hoffnung für den FC St. Pauli: Sowohl der Rivale HSV als auch der Deutsche Meister FC Bayern München bieten ihre Unterstützung an, um das Aus des Kultclubs zu verhindern.

■ Die Deutsche Phono-Akademie entscheidet, den Echo weiterhin in Berlin zu verleihen. Der Entschluss ist eine große Enttäuschung für die Hamburger, die monatelang gehofft hatten, den wichtigen Medienpreis nach drei Jahren zurückholen zu können.

Paul McCartney begeistert am 21. Mai 28 000 Fans in der AOL-Arena. Fast drei Stunden auf der Bühne, gibt er insgesamt 37 Lieder zum Besten; von »Let It Be« über »Hey Jude« bis hin zu »Yesterday« fehlt keiner der Klassiker

23. MAI Am Wilhelm-Gymnasium in Harvestehude startet das Modernisierungs-programm für die Hamburger Schulen. 50 Millionen Euro werden bereitgestellt, um die maroden Gebäude von insgesamt neun Gymnasien zu sanieren.

24. MAI Mit einem 2:0-Heimsieg gegen Hansa Rostock qualifiziert sich der HSV für den UEFA-Cup. Die Elf wird von mehr als 15 000 Fans frenetisch gefeiert.

25. MAI Der Schauspieler Uwe Fried-richsen wird zu seinem 50. Bühnenjubiläum

Am 20. Mai fesselt Jazz-Sängerin Jane Monheit in der Musikhalle ihr Publikum mit ihrer sanften, warmen Stimme

Neues Glanzstück am Hauptbahnhof: der ZOB. 20 Millionen Euro teuer, lockt er zur Eröffnung am 25. Mai die Besucher an. Drei Millionen Fahrgäste pro Jahr werden erwartet. Aber bleiben sie bei Regen unter dem 176 Meter langen und zwölf Meter hohen Glasdach trocken?

Zwar wird Lou beim Grand Prix in Riga nur Zwölfte – aber die Party auf dem Spielbuden-platz macht trotzdem Tausenden Spaß

im Ohnsorg Theater mit der Senator-Biermann-Ratjen-Medaille ausgezeichnet. Das kurz zuvor aufgekommene Gerücht, Innensenator Ronald Schill habe der Auszeichnung nicht zustimmen wollen, weil Friedrichsen im Wahlkampf 2001 gegen die Schill-Partei aufgetreten war, führt dazu, dass die Ehrung zunächst abgesagt wird. Erst ein Machtwort von Bürgermeister Ole von Beust sorgt dafür, dass Friedrichsen doch noch ausgezeichnet wird. Unterdessen dementiert Schill, sich gegen die Ehrung ausgesprochen zu haben.

■ Die Hamburgerin Isabel Wagner ist Gewinnerin des 28. Jugend-forscht-Wettbewerbs. Gleich zwei Preise heimste die 20-Jährige für ihre lösungsmittelfreien Klebstoffe

»Hummel-Mann« und »Zitronen-Jette« sind nur zwei von 35 000 Besuchern, die am letzten Maiwochenende den 300. Geburtstag des Fischmarkts feiern

Als Kopie ist der »Hummel-Mann« inzwischen überall in der Innenstadt anzutreffen

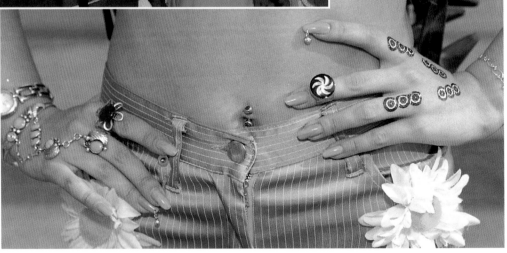

Hauptsache, bauchfrei: Zum Party-Look beim diesjährigen G-Move dürfen Bauchnabel-Piercing, bunte Körperbemalung und Blumenschmuck nicht fehlen. In den schrillen Outfits steckt Liebe zum Detail: Auch durch die Fingernägel passen noch kleine Ringe

ein: für die beste Interdisziplinäre Arbeit und für eine nachhaltige Entwicklung. Sieben weitere Hamburger werden beim Finale in Ludwigshafen mit Spezialpreisen geehrt.

■ Meike Tachlinski ist die neue Hamburger Kirschblütenprinzessin. Die 26 Jahre alte Pressereferentin setzt sich gegen 22 Mitbewerberinnen durch. Der Wahl ist das traditionelle und prachtvolle Feuerwerk über der Außenalster vorausgegangen.

27. MAI Zum 300. Stadtjubiläum von St. Petersburg übergibt Bürgermeister Ole von Beust Hamburgs Geschenk an die Partnerstadt: einen Steinway-Konzertflügel für die Petersburger Philharmonie. Insgesamt ist die 40-köpfige Hamburg-Delegation vier Tage an der Newa und bewundert u. a. das nachgebaute Bernsteinzimmer.

■ Finanzsenator Wolfgang Peiner muss bei der Vorstellung der Mai-Steuerschätzung einräumen, dass Hamburg innerhalb der nächsten drei Jahre wegen sinkender Steuereinnahmen 500 Millionen Euro fehlen.

Was sonst noch geschah

■ **1. MAI:** Bei einem Erdbeben im Südosten der Türkei kommen mindestens 150 Menschen ums Leben – unter ihnen viele Kinder, die in ihrer Schule sterben. In den Tagen darauf kommt es zu Protesten und Straßenschlachten, bei denen Demonstranten eine bessere Versorgung der Erdbebenopfer fordern.

■ Der amerikanische Präsident George W. Bush erklärt in einer Rede auf dem Flugzeugträger »USS Abraham Lincoln« das Ende amerikanischer Kampfeinsätze im Irak – was allerdings nicht gleichzusetzen sei mit einem Ende des Krieges.

■ **8. MAI:** Bei einem Busunglück am Plattensee in Ungarn sterben 33 norddeutsche Urlauber, nachdem der Fahrer an einem Bahnübergang das rote Warnlicht übersehen hat und der Bus mit einem Zug kollidiert. Viele der Touristen hatten die Reise bei einem Preisausschreiben gewonnen. Nur neun Tage später sterben 28 Menschen, ebenfalls hauptsächlich aus Norddeutschland, bei einem Busunglück in der Nähe von Lyon.

■ **10./11. MAI:** Knapp 90 Prozent der Litauer entscheiden sich in einem Referendum für den EU-Beitritt ihres Landes im Mai 2004.

■ **13. MAI:** In der saudischen Hauptstadt Riad werden bei einer Serie von Selbstmordanschlägen 29 Menschen getötet und fast 200 verletzt, manche von ihnen schwer. Hinter den Attentaten steckt vermutlich das Terrornetzwerk Al-Kaida.

■ 17 der insgesamt 32 gekidnappten Sahara-Urlauber werden in Algerien aus der Hand der Geiselnehmer befreit, darunter sechs Deutsche.

■ **21. MAI:** Bei einem schweren Erdbeben in Algerien kommen mehr als 2000 Menschen ums Leben.

■ **28. MAI:** Zum ersten Ökumenischen Kirchentag kommen in Berlin für fünf Tage 400 000 Christen zusammen. Gegen das Diktum des Papstes feiern Katholiken und Protestanten gemeinsam das Abendmahl.

JUNI

2. JUNI Nach Pisa kommt KESS 4: Die Untersuchung testet den Lernstand aller Hamburger Viertklässler. Mehr als 14 000 Grundschüler aus insgesamt 640 Klassen werden geprüft. Die Ergebnisse sollen im Frühjahr nächsten Jahres vorliegen. Der Deutsche Lehrerverband Hamburg kritisiert die Testfragen als nicht schülergerecht.

■ Eine beherzte Hamburgerin verhindert in Lokstedt die Explosion einer selbst gebauten Rohrbombe ihres Nachbarn: Sie beobachtet den 43 Jahre alten Mann bei dem Versuch, den Sprengsatz auf der Straße zu zünden, stürzt sich auf ihn und entreißt ihm die Bombe. Offensichtlich wollte er Selbstmord begehen.

3. JUNI Ermittler des Mobilen Einsatzkommandos dringen am frühen Morgen zeitgleich in Wohnungen in Dulsberg, Winterhude und Ottensen ein und verhaften drei Algerier und einen Syrer: Die so ge-

Die Proteste gegen das neue Lehrerarbeitszeitmodell weiten sich aus: Am 2. Juni besetzen Schüler und Eltern das Gymnasium Allee. Sie bleiben vier Tage in ihrer Schule

nannte Eppendorf-Bande hat mehrere Juweliere und Uhrmacher vor allem in Eppendorf überfallen. Außerdem werden ihr Straßenraub und Verstoß gegen das Waffengesetz vorgeworfen.

■ Mit Menschenketten und Mauern aus Pappe protestieren Eltern und Schüler an 13 Schulen gegen das geplante Lehrerarbeitszeitmodell.

Das vorletzte Wohnschiff hat am Elbufer bei Neumühlen ausgedient: Zehn Jahre lang beherbergte die »Bibi Challenge« Flüchtlinge, Asylsuchende und Spätaussiedler, zuletzt im Winter Obdachlose – am 3. Juni tritt sie die Reise nach Norwegen an und wird wieder Unterkunft für Menschen, die auf Ölbohrinseln arbeiten

4. JUNI Die Hamburger Staatsanwaltschaft leitet die Ermittlungen gegen den Hamburger Millionenerben Alexander Falk ein. Der Sohn des Stadtplanverlegers steht unter dem Verdacht, durch Scheingeschäfte die Umsatzzahlen des börsennotierten Unternehmens Ision AG manipuliert zu haben. Bei der Razzia untersuchen rund 200 Ermittler 24 Objekte. Falk selbst befindet sich im Ausland, stellt sich zwei Tage später den Ermittlungsbehörden und kommt wegen Fluchtgefahr in Haft.

5. JUNI Bildungssenator Rudolf Lange legt erste Zahlen zu dem neuen Lehrerarbeitszeitmodell vor: Demnach muss jeder zweite Lehrer länger arbeiten, jeder vierte wird entlastet.

6. JUNI Die Serie der Busunglücke reißt nicht ab, doch diesmal fährt ein Schutzengel mit: Alle 21 Kinder kommen mit dem Schrecken und leichten Verletzungen davon, als der Bus, in dem sie sitzen, auf der A7 in Höhe der Anschlussstelle Bahrenfeld auf einen Sattelzug auffährt. Der Busfahrer ist offensichtlich einen Moment unaufmerksam gewesen.

7. JUNI Der erste lange Sonnabend mit regulären Ladenöffnungszeiten bis 20 Uhr verläuft eher schleppend: Zwar freuen sich Textil- und Schuhgeschäfte über Zuwachsraten von bis zu 20 Prozent, Möbel- und Hightech-Fachgeschäfte beklagen jedoch mangelndes Interesse. Ohnehin schöpfen viele Läden den Rahmen noch nicht voll aus und schließen bereits um 18 Uhr.

■ Als Werber für den Entwicklungsplan »Wachsende Stadt« Hamburg stellt Bürgermeister Ole von Beust sein Konzept für eine internationale Städtebauausstellung vor.

53 000 Euro Verkaufserlös: First Lady und Schirmherrin der Abendblatt-Charity-Auktion Christina Rau hilft am 5. Juni mit, in der Axel Springer Passage 44 Bilder zu versteigern, die von krebskranken Kindern gemalt wurden

Beim Einsetzen eines 240 Tonnen schweren Brückenteils in Höhe des S-Bahnhofs Landwehr reißen in der Nacht zum 9. Juni mehrere Stahltrossen eines Krans. Dabei wird ein Lkw zerquetscht – der Fahrer springt in letzter Sekunde aus dem Führerhaus

Der Boss rockt, 40 000 Fans toben: Bruce Springsteen am 12. Juni in der AOL-Arena

»Hamburg 2013: Lebens(t)raum Großstadt« soll in zehn Jahren das Konzept der »Wachsenden Stadt« begleiten.

■ Stage-Holding-Chef Maik Klokow muss feststellen, dass sein Musical »Titanic«

Zweimal ausverkauft: Herbert Grönemeyer nimmt am 10. und 11. Juni je 45 000 Fans in der AOL-Arena mit auf die Reise durch mehr als 20 Jahre seiner Karriere. Das Publikum feiert ihn frenetisch

so wenig unsinkbar ist wie das Schiff von einst: Bei einer durchschnittlichen Auslastung der Neuen Flora von 70 Prozent erleidet das Stück Schiffbruch. Klokow kündigt an, »Titanic« nach nicht einmal einer Spielzeit zum 5. Oktober abzusetzen. Zwölf Tage später steht der Nachfolger fest: Ab 7. Dezember soll der »Tanz der Vampire« das Publikum in seinen Bann ziehen.

13. JUNI Bausenator Mario Mettbach erklärt, er habe den US-Künstler Jeff Koons um eine Änderung seines umstrittenen Konzepts für den Spielbudenplatz gebeten. In der Diskussion sei nun ein niedrigeres Gebilde in Form eines Tores.

■ Startschuss für die fünfte Altonale: In den kommenden drei Tagen besuchen mehr als 500 000 Menschen Hamburgs größtes Stadtteilfest.

250 Kilo schwer, 2,65 Meter groß und von Beruf Schutzpatroninnen: Europa und ihre Schwester Hammonia sind ein Geschenk von Albert Darboven, beziehen am 11. Juni Position an der Brooksbrücke und wachen von nun an über die Speicherstadt

Gipfelsturm auf hoher See: Blick aus dem Mast der HVS-Yacht »Norddeutsche Vermögen Hamburg«. Die Jugendlichen an Bord berichteten täglich via Satellit im Hamburger Abendblatt

DCNAC: Die Regatta, die Hamburg bewegte

Berndt Röttger Das war der Törn des Jahres: 63 Segelyachten mit mehr als 570 Seglern starteten am 14. und 21. Juni zu einem 3600 Seemeilen langen Rennen von Newport (im US-Bundesstaat Rhode Island) über den Nordatlantik bis nach Cuxhaven und Hamburg. Der Start wurde wegen der unterschiedlichen Größen der Yachten geteilt. Die Daim-

lerChrysler North Atlantic Challenge wurde vom Norddeutschen Regattaverein (NRV) aus Hamburg mit Unterstützung des New York Yacht Club (NYYC) aus Anlass des 100-jährigen Bestehens des Hamburgischen Vereins Seefahrt (HVS) veranstaltet.

Bereits beim Start jagte die amerikanische Yacht »Zaraffa« von Skipper und

Eigner Huntington Sheldon davon. Der 20 Meter lange, von Profis gesegelte Racer war nicht mehr einzuholen und erreichte am Sonnabend, 28. Juni 2003, um 11.17 Uhr und 28 Sekunden nach 13 Tagen und 15 Stunden mit Abstand als Erster die Ziellinie vor Cuxhaven.

Das Hamburger Abendblatt berichtete drei Wochen lang täglich auf einer Extraseite über die Regatta – sozusagen »live« vom Nordatlantik. Von Bord der Segelyacht »Haze« ließ Abendblatt-Autor Svante Domizlaff täglich per Satellit die Hamburger mitkämpfen, mitleiden und mitfreuen. Auf der »Volksfürsorge II« segelte sogar der Schriftzug des Hamburger Abendblattes auf dem Großsegel über den Atlantik. Die Crew um Skipper Andreas Sasse und Organisator Hans Oestmann wurde vom Abendblatt unterstützt. Sie erreichte am 5. Juli das Ziel und holte Platz 25. Auch der Skipper der HVS-Yacht »Norddeutsche Vermögen Hamburg«, Gero Brugmann, berichtete fast täglich in einem Logbuch im Abendblatt.

Die Regatta über den Nordatlantik war eine echte Herausforderung, ein harter, ein kalter Trip voller Überraschungen: Die Bremer Yacht »Monsun« von Skipper Peter Flügge und seiner Familie sank im Sturm. Der 1961 bei Abeking und Rassmussen gebaute Klassiker kollidierte am Abend des Freitags, 20. Juni, mit einem unbekannten Gegenstand auf See. Eine halbe Stunde später war die 14,10 Meter lange Tourenketsch gesunken. Die sechs Segler schwebten in Lebensgefahr. Bei acht Meter hohen Wellen stiegen sie in die Rettungsinsel. Nach etwas mehr als drei ungewissen Stunden wurden die Schiffbrüchigen vom einzigen größeren Schiff im Umkreis von fast 50 Seemeilen gerettet – dem Hamburger Containerfrachter »Independent Action«.

Pech hatte auch die Hamburger »HSH Nordbank«: Die 24 Meter lange Megayacht lag 24 Stunden nach dem Start am

Durch teilweise heftige Stürme mussten sich die Segler kämpfen: Hier ein Bild von Bord der Hamburger Yacht »Charisma«

21. Juni gut 30 Seemeilen vor der »Zephyrus V« und der »UCA«. Dann brach der Beschlag des Spinnakers, und der Spinnakerbaum prallte so heftig gegen den Mast, dass dieser riss. Skipper Walter Meier-Kothe musste aufgeben.

Am Ende gewann das Rennen – auch nach Abzug aller Handicap-Berechnungen – die amerikanische Yacht »Zaraffa«, gefolgt von der »Team 888« sowie der vom ehemaligen Arbeitgeberpräsidenten und Kieler Unternehmer Klaus Murmann eigens für die DCNAC gebaute »UCA«. Die drei Yachten des Geburtstagskindes HVS, die »Haspa Hamburg«, »World of TUI Hamburg« und die »Norddeutsche Vermögen Hamburg«, holten die Plätze 8, 16 und 29.

Insgesamt zehn Schiffe mussten nach Sturm- oder Materialschäden aufgeben. Als die große Festwoche für den HVS und die Atlantik-Segler in Hamburg am 11. Juli mit Senatsempfang, Party auf der Kehrwiederspitze und Feuerwerk startete, kämpften elf Yachten noch auf hoher See. Die letzte Yacht, die kanadische »Frisco«, erreichte am 15. Juli, mehr als

Unter Spinnaker lief die HVS-Yacht »World of TUI Hamburg« Cuxhaven an. Die 18 Meter lange Yacht erreichte als erste deutsche Yacht das Ziel

14 Tage nach dem Sieger, die Ziellinie vor Cuxhaven. Die Organisatoren und Initiatoren der DCNAC – unter anderen NRV-Präsident Gunther Persiehl, Rennleiter Hans-Günther Baum und Organisator Henning Rocholl – waren sich einig: Die DCNAC muss wiederholt werden. 2007 soll es wieder soweit sein.

Endlich: Die Crew der »Haze« erblickt die schottische Insel Fair Isle. Hier beginnt die Nordsee

Die Hamburger »HSH Nordbank« musste nur 24 Stunden nach dem Start wegen Mastriss aufgeben

Die 26 Meter lange Megayacht »UCA« ließ der ehemalige Arbeitsgeberpräsident Klaus Murmann eigens für die DCNAC bauen

Die Yachten der Regatta in Hamburg: oben bei der Auslaufparade nach der Festwoche. Links als Besuchermagnet im City-Sporthafen

14. JUNI Um 14.10 Uhr Ortszeit (20.10 Uhr MEZ) beginnt in Newport (Rhode Island) die DaimlerChrysler North Atlantic Challenge, die größte Regatta, die je in Ost-West-Richtung gestartet wurde. Am Start drängeln sich 58 Schiffe aus Deutschland, den USA, Dänemark, Schweden, den Niederlanden und Tschechien – die fünf schnellsten Rennyachten hingegen starten erst eine Woche später, damit sichergestellt wird, dass alle Boote Hamburg möglichst gleichzeitig erreichen. Das Hamburger Abendblatt unterstützt die »Volksfürsorge II«, die gleich nach dem Start im vorderen Hauptfeld mitsegelt.

15. JUNI Der weiße Rapper Eminem zieht in der AOL-Arena 45000 Fans in seinen Bann.

16. JUNI Nicht still, aber heimlich: Jon Bon Jovi ist der Überraschungsgast bei der Feier zur Fusion von Hamburgischer und

Die Luft flimmert, als rund 35 000 Maschinen nach dem Motorradgottesdienst im Michel am 15. Juni starten

Schleswig-Holsteiner Landesbank in der Color Line Arena.

■ Der FC St. Pauli erreicht sein erstes Etappenziel auf dem Weg zur Rettung: Der Deutsche Fußball-Bund erteilt dem Kiezclub die Regionalligalizenz. Damit ist die Gefahr des Zwangsabstiegs in die Oberliga gebannt.

■ Zum ersten Mal seit mehr als einem Vierteljahrhundert legen 600 Rekruten auf dem Rathausmarkt öffentlich das feierliche Gelöbnis ab. Im Anschluss daran verabschieden sich Senat und Bürgerschaft von der Hamburger Hausbrigade, der Panzergrenadierbrigade 7 in Fischbek. Sie wird Ende März 2004 aufgelöst. Das Zeremoniell wird von insgesamt 3500 Polizisten gesichert.

17. JUNI Wissenschaftssenator Jörg Dräger (parteilos) stellt die vom Senat beschlossenen Leitlinien für die Hochschulentwicklung bis 2012 vor. Ziel des Konzepts:

Rund 10 000 Schwule und Lesben feiern am 14. Juni mit der traditionellen Parade den Christopher Street Day

Naturstein und viel Glas mit Kupferdach: Architekt Hadi Teherani stellt am 16. Juni seinen Entwurf für die neue Fassade der Europa-Passage am Ballindamm vor

Die Zahl der Studienanfänger soll von 11 350 auf 9600 sinken, die Zahl der Absolventen von 6100 auf 6760 steigen. Regelabschluss wird der Bachelor, ein Masterstudium danach soll nur noch mit einer Zusatzqualifikation möglich sein.

■ Die Polizei nimmt 47 Randalierer fest, die sich an einer gewalttätigen Kundgebung von Iranern im Generalkonsulat an der Bebelallee beteiligen. Der Protest richtet sich gegen das Mullah-Regime in Teheran.

■ Mit Bagger, Raupe und Pumpe beginnt die rund 100 000 Euro teure Trockenlegung der Alsterwiesen.

18. JUNI Das Autokino in Billbrook lädt nach 28 Jahren zur letzten Vorstellung ein – gezeigt wird »2 Fast 2 Furious«. Altlasten im Boden des Kinogeländes zwingen die Betreiber zur Aufgabe.

20. JUNI »Mayday« um 19.27 Uhr: Die Bremer Hochseeyacht »Monsun«, die an der DaimlerChrysler North Atlantic Challenge teilnimmt, rammt auf dem Nordatlantik ein unter Wasser treibendes Objekt, läuft voll Wasser und sinkt. Die Mannschaft kann sich in letzter Minute auf die Rettungsinsel flüchten und wird Stunden später von dem Hamburger Frachter »Independent Action« aufgenommen.

■ Maria von Welser wird zur neuen Direktorin des NDR-Landesfunkhauses Hamburg ernannt. Sie tritt am 4. August die Nachfolge von Dagmar Reim an, die bereits seit 1. Mai Intendantin des Rundfunks Berlin-Brandenburg ist.

■ Technischer K. o. in der sechsten Runde – Witali Klitschko kann nicht fassen, dass er der Verlierer des Kampfes um die Boxweltmeisterschaft gegen den britischen WBC-Titelverteidiger Lennox Lewis sein soll. Vor 15 939 Zuschauern in Los Angeles liegt der Ukrainer aus Hamburg auf allen drei Punktzetteln vorn, als der Ringarzt den Fight wegen Klitschkos tiefer Wunde unter der linken Augenbraue abbricht. Viel zu früh, finden Klitschko und seine Fans und fordern eine Revanche.

■ Der Senat beschließt auf seiner achtstündigen Klausurtagung Einschnitte mit einem

Fackeln auf dem Rathausmarkt: Mit einem Großen Zapfenstreich nimmt Hamburg Abschied von seiner Hausbrigade

Lichtblick aus Allermöhe: Die Firma Pfannenberg lieferte die 20 000 Leuchten, die ab dem 21. Juni den Pariser Eiffelturm nachts erstrahlen lassen

Sparvolumen von 115 Millionen Euro bei den Personalkosten. Besonders betroffen sind Hamburgs Beamte: So wird bei höheren Besoldungsgruppen das Urlaubsgeld ab kommendem Jahr komplett gestrichen, das Weihnachtsgeld wird reduziert. Innensenator Ronald Schill schlägt vor, zur Sanierung des Haushalts das Schauspielhaus zu schließen, das Haus habe »keinerlei Anziehungskraft mehr«. Sein Vorschlag sorgt für Empörung auch in den eigenen Reihen.

22. JUNI In der Hammer Simeonkirche wird der letzte evangelisch-lutherische Gottesdienst gefeiert. Danach wechselt das Gotteshaus als erste evangelische Kirche in Hamburg den Besitzer: Am 1. Juli übernimmt die griechisch-orthodoxe Gemeinde das Gebäude. Zum Verkauf stehen mehrere evange-

lische Kirchen – schuld daran ist die dramatische Finanzkrise der Nordelbischen Kirche.

■ Norddeutsche Enttäuschung bei der DaimlerChrysler North Atlantic Challenge: Die »HSH Nordbank«, die Yacht der frisch fusionierten Landesbanken Hamburg und Schleswig-Holstein, muss wegen eines Mastrisses aufgeben – nachdem sie bis dahin in Führung gelegen hat.

■ Trauer in Hagenbeck: Das zweite Elefantenbaby, das in diesem Jahr geboren wird, kommt tot zur Welt. Für Lai-Singh wäre es der erste Nachwuchs gewesen.

■ Die kupferne Olympia-Uhr auf dem Rathausmarkt wird demontiert und soll nach Leipzig umziehen, wo sie bis zum Tag der internationalen Olympia-Entscheidung die verbleibenden Stunden, Minuten und Sekunden anzeigt.

25. JUNI Der Hamburger Verlag Hoffmann und Campe zieht das Buch »Mitten in Afrika. Zu Hause zwischen Paradies und

Ein Alster-Segler versucht, noch vor dem Unwetter den sicheren Hafen zu erreichen: Am 24. Juni tobt ein Sommersturm mit Windstärke 11 über Hamburg, die Feuerwehr rückt 160-mal aus. In Norderstedt sorgt eine Windhose für eine Schneise der Zerstörung

Hölle« von Ulla Ackermann zurück, nachdem bekannt wird, dass weite Teile der angeblichen Biografie frei erfunden sind. Die Autorin schildert in dem Buch ihre vermeintlichen Erlebnisse als Fernsehreporterin für ausländische Sender in afrikanischen Kriegs- und Krisengebieten.

26. JUNI Nach monatelangen Vorplanungen richtet der Verein Pro Honore in Hamburg eine Vertrauensstelle gegen »Korruption in Wirtschaft, Amt und Politik« ein. Leiter wird der Hamburger Strafverteidiger Gerhard Strate. Mit der Vertrauensstelle will sich erstmals in Deutschland auch die Wirtschaft am Kampf der Behörden gegen Korruption beteiligen. Handels- und Handwerkskammer und die Versammlung eines Ehrbaren Kaufmanns unterstützen das Projekt auch finanziell.

■ Grausiger Fund in der Neustadt: Im Kohlhöfen wird die Leiche eines Mannes entdeckt, der offenbar fast drei Jahre zuvor von einem Bekannten ermordet worden ist. Keinem der Nachbarn ist etwas aufgefallen, erst die Saga-Mitarbeiter, die klären wollen, warum der Mann seit Monaten die Miete nicht bezahlt hat, bemerken den starken Verwesungsgeruch. Die Polizei nimmt bereits wenige Stunden nach dem Fund einen Verdächtigen fest.

27. JUNI Unter Protesten der Belegschaft des Deutschen Schauspielhauses entscheidet der Aufsichtsrat, Tom Strombergs Vertrag nicht über 2005 hinaus zu verlängern. Kultursenatorin Dana Horáková soll mit dem derzeitigen Intendanten am Schauspielhaus Bochum, Matthias Hartmann, die Verhandlungen über Strombergs Nachfolge

aufnehmen. Bereits drei Tage zuvor haben die beiden ein Vorgespräch geführt.

28. JUNI Umzug für 230 Häftlinge aus der JVA Vierlande: Sie werden in die neue JVA Billwerder verlegt. Hamburgs zweitgrößtes Gefängnis soll bis zum Jahr 2005 803 Insassen aufnehmen können. Aus der JVA Vierlande, die auf dem Gelände des ehemaligen Konzentrationslagers Neuengamme steht, will die Kulturbehörde ein Begegnungs- und Studienzentrum machen; die Gedenkstätte soll erweitert werden.

■ 72 000 Euro finden LKA-Beamte bei einem Kokain-Dealer im Schlafzimmerschrank – die größte je bei einem Straßendealer in Hamburg sichergestellte Menge Bargeld. Außerdem im Schrank: 60 Gramm Kokain und eine scharfe Browning-Pistole.

■ Erstmals seit Bestehen des Bündnisses aus CDU, FDP und Schill-Partei beschließt der Landesvorstand der liberalen Partei, den Koalitionsausschuss anzurufen. Die Liberalen sehen in der von Gesundheitssenator Peter Rehaag entschiedenen Schließung der Drogenhilfeeinrichtung Fixstern im Schanzenviertel einen offenen Bruch des Koalitionsvertrages.

Ein Prosit auf das erste Jungfernstieg-Sommerfest und Hoch »Christa«: Hunderttausende feiern am letzten Juni-Wochenende die Prachtmeile an der Alster

Nach nur knapp zwei Wochen am Ziel: Die »Zaraffa« läuft am 28. Juni in Cuxhaven ein und gewinnt die DaimlerChrysler North Atlantic Challenge. Skipper Huntington Sheldon nimmt seine Frau Dell und seine Töchter an Bord, gemeinsam geht es nach Hamburg weiter

Zum Ende der Ära von Ulrich Tukur und Ulrich Waller (hinten, v. l.) feiern die Kammerspiele am 30. Juni ein rauschendes Fest in der Musikhalle. Mit dabei: ein wehmütiges Publikum und Nathalie Dorra, Esther Ofarim, Udo Lindenberg, Ellen ten Damme und Horst Schroth (vorn, v. l.)

Was sonst noch geschah

■ **1. JUNI:** Auf dem SPD-Sonderparteitag gewinnt Bundeskanzler Gerhard Schröder die Zustimmung seiner Genossen für die umstrittene Agenda 2010.

■ **5. JUNI:** Der frühere FDP-Spitzenpolitiker Jürgen W. Möllemann stürzt in den Tod: Bei einem Fallschirmsprung in der Nähe von Marl löst sich bei einer Höhe von mehr als 1000 Metern der Hauptschirm, der Rettungsschirm öffnet sich nicht. Am selben Tag ist Möllemanns parlamentarische Immunität aufgehoben worden.

■ **28. JUNI:** Die IG Metall bricht nach vier Wochen den Streik in Ostdeutschland für die 35-Stunden-Woche ergebnislos ab. Das Scheitern des Arbeitskampfes ist für die Gewerkschaft eine historische Niederlage und löst eine Personaldebatte um den IG-Metall-Vize Jürgen Peters aus.

■ **29. JUNI:** Bei einer zweitägigen Klausurtagung im brandenburgischen Neuhardenberg entscheidet das Bundeskabinett, die dritte Stufe der Steuerreform um ein Jahr auf 2004 vorzuziehen. Der offizielle Kabinettsbeschluss folgt drei Tage später. Die Koalition will so die Steuerlast bei Verbrauchern und Unternehmen um 25 Milliarden Euro reduzieren, die Steuerzahler sollen im Schnitt um zehn Prozent entlastet werden.

Demonstrieren für Ernie und Bert: Der NDR will die »Sesamstraße« ab August nicht mehr um 18 Uhr, sondern frühmorgens zeigen. Der Protest am 1. Juli vor dem Funkhaus in Lokstedt stimmt den Sender nicht um

1. JULI Bausenator Mario Mettbach präsentiert den geänderten Entwurf des US-Künstlers Jeff Koons für den Spielbudenplatz. In der neuen Version sollen die Dimensionen leicht schrumpfen, durch ein Verbindungselement zwischen den Kränen soll das Kunstwerk stabiler werden.

2. JULI Beim Senatsempfang im Rathaus werden 34 junge Hamburger geehrt, die beim 40. Bundeswettbewerb »Jugend musiziert« Preise gewonnen haben. Nach 13 Jahren werden die Preisträger erstmals wieder offiziell vom Senat gewürdigt.

3. JULI Eklat im Prozess gegen die drei Thüringer Polizisten, die auf einer Bambule-Demonstration im November Kollegen in Zivil verprügelt haben sollen: Der Richter erlässt Haftbefehl gegen die Angeklagten, weil sie nicht zur Verhandlung im Amtsgericht erscheinen. Die Atteste, die ihre Verteidiger vorlegen, hält der Richter für »Gefälligkeitsgutachten«. Zudem behaupten sowohl Staatsanwalt als auch Verteidiger übereinstimmend, dass die thüringische Polizeiführung Einfluss auf den Prozess nehme.

6. JULI Mit der 29. Nijinsky-Gala gehen die Ballett-Tage in der Staatsoper zu Ende. John Neumeier kann sich über mehr als 21 500 Besucher an 13 Abenden und eine besondere Ehrung freuen: Kultursenatorin Dana Horáková überreicht dem 61 Jahre alten Amerikaner mit der Medaille für Kunst und Wissenschaft die höchste kulturelle Anerkennung, die Hamburg zu vergeben hat.

8. JULI Die Koalition einigt sich darauf, die Drogenhilfeeinrichtung Fixstern im Schanzenviertel zum Jahresende zu schließen. Allerdings soll in der Nähe eine Beratungsstelle eingerichtet werden, in der zwar Drogenkonsum nicht geduldet wird, Spritzen jedoch getauscht werden können.

Aber bitte mit Sahne: Schrille Qutfits und 350 000 gut gelaunte Fans bevölkern beim siebten Schlager-Move die Straßen von St. Pauli

Willkommen daheim im Schmuddelwetter: Die »Volksfürsorge II« beendet nach fast genau drei Wochen die DaimlerChrysler North Atlantic Challenge und passiert am 5. Juli im Nieselregen die Ziellinie vor Cuxhaven

Der 61 Jahre alte John Neumeier tanzt während der Ballett-Tage noch einmal selbst den Jesus in seiner Version von Bachs Matthäuspassion

9. JULI Die Ermittlungen wegen Zigarettenschmuggels bei Reemtsma führen zu personellen Konsequenzen: Vorstandssprecher Manfred Häussler tritt von seinen Ämtern zurück – ebenso Ex-Vorstand Ludger Staby als Aufsichtsratsmitglied. Sechs weitere Manager werden freigestellt. Die Staatsanwaltschaft verdächtigt den Konzern, gewerbsmäßig Zigaretten geschmuggelt zu haben.

■ Die Nordelbische Kirche gibt bekannt, dass sie die Evangelische Akademie zum Jahresende schließt. Von der Entscheidung betroffen sind die Tagungsstätten in Bad Segeberg und an der Esplanade in Hamburg. Die Akademie hat aus Sicht der Kirche die Einsparziele nicht erreicht und für das Jahr 2002 Schulden in Höhe von rund 900 000 Euro angehäuft. Die betroffenen Mitarbeiter der Akademien erheben daraufhin schwere Vorwürfe: Unter anderem seien sie noch im Mai

Im Zeichen des Friedens: Das Musical »Hair« feiert am 9. Juli Premiere im Schauspielhaus

über die hohe Verschuldung getäuscht worden, zudem habe die Kirchenleitung die Kontrolle der Finanzen versäumt.

10. JULI Rettung in letzter Minute für das Zelttheater Fliegende Bauten: Indra Wussow (Sylt-Quelle) gründet eine Betriebsgesellschaft und kauft das Zelttheater, dessen Insolvenzverfahren seit zehn Tagen läuft.

11. JULI Nun beschäftigt sich auch die Justiz mit dem Streit um die Kita-Gutscheine: Anwalt und Jugendhilfe-Experte Christian Bernzen ruft im Namen mehrerer Eltern das Verwaltungsgericht im Eilverfahren an, damit sie die begehrten Gutscheine über die beantragten Betreuungsstunden doch noch bekommen. 3976 Familien der so genannten Priorität 5 für Berufseinsteiger und Berufstätige sind bei der Bewilligung leer ausgegangen, obwohl ihnen Bildungssenator Rudolf Lange noch am 20. Juni Gutscheine in Aussicht gestellt hat.

■ Höhepunkt der DaimlerChrysler North Atlantic Challenge: das rauschende Fest im Kaispeicher A am Grasbrook zum Ende der Regatta. Siegerin ist die US-Yacht »Zaraffa« von Skipper Huntington Sheldon, Platz zwei geht an die britische Yacht »Team 888«. Schnellstes Schiff der ganzen Flotte ist je-

Kur für eine alte Dame: Schlepper »Constant« bringt die »Rickmer Rickmers« am 10. Juli zu Blohm + Voss. Dem 107 Jahre alten Windjammer fehlt nichts Ernstes – die Muscheln werden abgespült, der Rumpf bekommt neue Farbe

doch die nach Handicap-Wertung drittplatzierte »UCA« aus Kiel.

14. JULI In dem so genannten Prügel-Prozess verurteilt das Hamburger Amtsgericht die drei Thüringer Polizisten zu je einem Jahr Haft auf Bewährung. Ihre Verteidiger kündigen Berufung an.

15. JULI Der Senat beschließt, den Landesbetrieb pflegen & wohnen umzustrukturieren. Einige der 14 Pflegeheime sollen verkauft oder geschlossen werden; dabei werden 250 der 2500 Vollzeitarbeitsplätze abgebaut. Sozialsenatorin Birgit Schnieber-

Auch er ein Retter: Uli Hoeneß am 12. Juli beim 1 : 0-Sieg von Bayern München im Benefizspiel gegen St. Pauli

Tschüs, Antje! Die 27 Jahre alte Walross-Dame stirbt am 17. Juli in Hagenbeck – an Altersschwäche

Jastram begründet die Zerschlagung des Landesbetriebs mit seiner maroden Finanzlage.

■ Angesichts der angespannten Wirtschaftssituation beschließen Hamburgs Senatoren, in diesem und dem kommenden Jahr auf die ihnen zustehende Gehaltserhöhung zu verzichten.

16. JULI Die »Frisco« bekommt als letztes in Hamburg eingetroffenes Schiff der DaimlerChrysler North Atlantic Challenge vom Norddeutschen Regattaverein den Preis für das »Last Ship Home« verliehen. Skipper Fred Voegeli erklärt das langsame Vorankommen seines Bootes damit, dass sich die Crew unter anderem genug Zeit genommen habe, um Wale zu beobachten.

20. JULI Aus der Psychiatrie in Ochsenzoll bricht ein 33 Jahre alter Gewaltverbrecher aus. Er nutzt seinen Hofgang zur Flucht. Nachdem er im vergangenen Jahr

von einer Hamburger Prostituierten ver-
schmäht worden war, versetzt er nun sie und
ihre Kolleginnen in Angst und Schrecken;
sie fürchten seine Rache. Die Polizei fasst
ihn fünf Tage später auf dem Hauptbahnhof
in Münster.

21. JULI Stararchitekt Hadi Teherani
stellt die Pläne seines Büros Bothe, Richter,
Teherani für eine der prominentesten Bra-
chen der Stadt vor: die ehemalige Bowling-
bahn Ecke Reeperbahn und Zirkusweg. Sein
Entwurf, mit dem er den ersten Platz eines
Architekturwettbewerbs belegt hat, sieht
zwei geknickte Glastürme von knapp 85
und 75 Metern Höhe vor.

*»Zwei tanzende Türme« heißt der Entwurf
der Architekten von BRT für die 84,90 und 74,50 m
hohen Bürogebäude*

*Für sie beide soll's rote Rosen regnen: Gloria Fürstin von Thurn und Taxis tauft am 21. Juli den Luxus-
liner »MS Delphin Renaissance« des Reeders Heinz-Herbert Hey*

Eine Dusche mit dem Rüssel gönnt sich Elefanten-Dame Indra – beneidenswert bei der Hitze, die Ende Juli Hamburg zu schaffen macht

22. JULI Nach monatelangem Streit um die Zukunft des Rosengartens ist sein Schicksal besiegelt: Er wird verlegt und soll an anderer Stelle größer und schöner wieder angelegt werden. Das CCH wird nach Westen erweitert. Mit der Entscheidung einigt sich der Senat auf den Entwurf, den das Londoner Architekturbüro Nicholas Grimshaw und Partner gemeinsam mit den Hamburger Landschaftsarchitekten IPL präsentiert hat.

■ Die ersten sieben der insgesamt 20 Polizei-Harleys werden der Stadt übergeben. Harley-Davidson stellt sie anlässlich seines

Darauf fahren sie ab: Innensenator Ronald Schill und Polizeiobermeisterin Susanne Laska mit den ersten Polizei-Harleys

Entspannt vor dem heißen August: Bürgermeister Ole von Beust an Bord der »Asgard« – dort trifft er seinen Lübecker Amtskollegen Bernd Saxe

100. Geburtstags Hamburg ein Jahr lang kostenlos zur Verfügung.

24. JULI Bei einer Gedenkstunde im Großen Rathaus-Festsaal wird an die schweren Luftangriffe auf Hamburg vor 60 Jahren erinnert und der Opfer des »Hamburger Feuersturms« gedacht. »So etwas darf nie wieder passieren!«, mahnt der britische Botschafter Sir Peter Torry. An der Gedenkfeier nehmen rund 500 Menschen teil, unter ihnen viele Vertreter des Konsularischen Korps.

■ Das traditionelle Wertpapierhandelshaus Hornblower Fischer muss wegen der Ermittlungen gegen seinen Mehrheitseigner Alexander Falk Zahlungsunfähigkeit anmelden. Falk sitzt seit Anfang Juni

»Let's spend the night together« – gut 45 000 Fans folgen der Einladung der Rolling Stones am 24. Juli in die AOL-Arena

Der 76 Jahre alte Ibrahim Ferrer bringt am 26. Juli einen Hauch Havanna in den Stadtpark – und begeistert 3500 Kuba-Fans

Ein Kult wird 100: Den Geburtstag der Mutter aller Motorräder feiern am letzten Juli-Wochenende rund eine halbe Million Fans – am Ende dröhnen etwa 3000 Harley-Davidsons durch die Innenstadt

wegen Betrugsverdachts in Untersuchungshaft.

27. JULI Auf der Fleetinsel gehen zehn Tage voller »Kunst, Kultur und Kulinarischem« zu Ende. Das Duckstein Festival, das sechste Festival zwischen Fleethof, Hotel Steigenberger und Stadthausbrücke, hinterlässt rundum zufriedene Veranstalter, die sich über 150 000 Besucher freuen.

28. JULI Der HSV beendet nach 16 Jahren seine titelfreie Zeit: In Mainz schlägt Kurt Jaras Elf Borussia Dortmund mit 4:2 und gewinnt den Ligapokal.

Erster Titel nach 16 Jahren: HSV-Kapitän Nico-Jan Hoogma nach dem 4:2 gegen Borussia Dortmund mit dem ersehnten Pokal

Nur scheinbar idyllisch: Ende Juli färbt die Blaualge die Alster grün und vermehrt sich wegen der Hitze stark

Betört eher durch die Stimme: Joe Jackson wagt am 30. Juli am Ende des Konzerts im Stadtpark sogar ein paar Tanzschritte

29. JULI Fünf Jahre Haft: So lautet das Urteil für den 21 Jahre alten Mann, der im September vergangenen Jahres einen Bus entführt hat und mit vier Geiseln acht Stunden lang quer durch die Stadt gefahren ist. Er wird nach Jugendstrafrecht verurteilt.

30. JULI Aus für Jeff Koons' Kiez-Kräne: Überraschend erklärt Bausenator Mario Mettbach um 14.30 Uhr das Projekt für gescheitert. Er begründet seine Entscheidung mit der Ablehnung durch die Mehrheit der Bürger. Jetzt soll ein offener Wettbewerb für die Gestaltung des Spielbudenplatzes ausgeschrieben werden.

■ Die HypoVereinsbank entschließt sich, ihre Hamburger Tochter Vereins- und Westbank vollständig zu schlucken. Die Fusion gefährdet rund 500 der mehr als 4500 Arbeitsplätze bei der Vereins- und Westbank.

■ Otto Waalkes muss seinen Führerschein abgeben: Der Komiker wird bei einer Amokfahrt durch Osdorf erwischt. Nachdem er zu schnell und bei Rot über mehrere Ampeln gefahren ist, rammt er den Wagen eines Rentners, der dabei eine blutende Kopfverletzung erleidet. Waalkes soll dazu erklärt haben, er sei unter Zeitdruck gewesen, weil er seinen Sohn zum Flughafen bringen musste.

Was sonst noch geschah

■ **8. JULI:** Das Schicksal von Ladan und Laleh bewegt die ganze Welt: Die am Kopf zusammengewachsenen siamesischen Zwillinge wollen sich operativ trennen lassen. Die beiden 29 Jahre alten Iranerinnen sterben kurz nach dem »Operation Hoffnung« genannten Eingriff.

■ Der TV-Moderator Michel Friedman akzeptiert einen Strafbefehl in Höhe von 17 400 Euro wegen Kokainbesitzes. Er legt alle Ämter, auch das als Vizepräsident des Zentralrats der Juden, nieder und kündigt seinen Rückzug vom Bildschirm an.

■ **21. JULI:** IG-Metall-Chef Klaus Zwickel zieht die Konsequenz aus dem wochenlangen Führungsstreit der Gewerkschaft und erklärt seinen vorzeitigen Rücktritt.

■ **22. JULI:** US-Einheiten töten im irakischen Mossul nach heftigem Feuergefecht Kusai und Udai, die Söhne des Diktators Saddam Hussein. Zwei Tage später veröffentlicht die US-Regierung die Fotos der beiden Leichen.

AUGUST

3. AUGUST Die achten HEW-Cyclassics werden zu Festspielen für Jan Ullrich: Zwar wird er Dritter hinter den Italienern Paolo Bettini und Davide Rebellin, doch die 800 000 Zuschauer – 70 000 allein an der Zielgeraden in der Mönckebergstraße – feiern den Tour-de-France-Zweiten enthusiastisch, der Titel »Champion der Herzen« ist ihm gewiss.

4. AUGUST Nur 100 Meter von seinem Elternhaus in Farmsen entfernt verunglückt der 15 Jahre alte Alexander H. tödlich in einem gestohlenen E-Klasse-Mercedes: Auf der August-Krogmann-Straße verliert er bei überhöhter Geschwindigkeit die Kon-

Spritzig, charmant, voller Swing: Die 30er-Jahre-Revue »Sing! Sing! Sing!« feiert am 2. August im Altonaer Theater ihre Uraufführung – eine nostalgische Hommage an die Andrew Sisters

trolle über den Wagen. Die Polizei steht vor einem Rätsel: Unklar ist, wie der 15-Jährige an das Auto gekommen ist, er kann es nicht selbst geklaut haben.

5. AUGUST Bernd Hoffmann, Vorstandsvorsitzender des HSV, und St.-Pauli-

Stippvisite an der Überseebrücke: Die 1850 Passagiere der »Oosterdam« genießen Anfang August das Kaiserwetter – der Ozeanriese der Holland American Line bleibt zwei Tage in der Hansestadt

Der Italiener Paolo Bettini vom Team Quickstep gewinnt die achten HEW-Cyclassics – die Herzen der 800 000 Zuschauer gewinnt Jan Ullrich (links im Hintergrund)

Präsident Corny Littmann einigen sich darauf, das für September geplante Benefiz-Lokalderby abzusagen. Sie fürchten gewalttätige Auseinandersetzungen zwischen den Anhängern beider Clubs und wollen der Rivalität keine weitere Plattform bieten.

6. AUGUST Der in Wien geborene Historiker Robert Fleck wird neuer Direktor der Deichtorhallen. Darauf einigen sich Aufsichtsrat und Findungskommission unter Leitung von Kultursenatorin Dana Horáková. Fleck tritt sein Amt am 1. Januar 2004 an.

7. AUGUST Die Mutter des toten Säuglings, der ein halbes Jahr zuvor in einer Mülltonne in Sasel gefunden wurde, ist ermittelt: Die Mordkommission überführt die 19 Jahre alte Frau mit Hilfe eines Speicheltests.

Hamburg erlebt seinen ersten Flash-Mob am 9. August um 14.14 Uhr: Rund 50 Menschen stürmen auf dem Rathausmarkt aufeinander zu und umarmen sich

8. AUGUST Wegen der anhaltenden Hitze und Trockenheit dürfen die Wälder Hamburgs ab sofort jenseits der befestigten Wege nicht mehr betreten werden. Die Behörde für Wirtschaft und Arbeit schätzt das Waldbrandrisiko als zu hoch ein.

9. AUGUST Am Finkenrieker Hauptdeich rettet die 13 Jahre alte Charlene ein Kleinkind vor dem Ertrinken. Als sie den Körper des dreijährigen Fabian leblos in der Elbe treiben sieht, springt sie sofort ins Wasser, zieht ihn ans Ufer und leistet erste Hilfe.

11. AUGUST Die Affäre um Innenstaatsrat Walter Wellinghausen erlebt in der Sondersitzung des Innenausschusses einen vorläufigen Höhepunkt: Wellinghausen gibt erstmals zu, noch nach seiner Ernennung zum Staatsrat Geld von der Münchner Isar Klinik II AG erhalten zu haben. Bei einer Kleinen Anfrage der SPD Anfang Juli behauptete er noch, sich nicht an Zahlungen der Klinik, in deren Vorstand er tätig gewesen ist, erinnern zu können. Die Sitzung des Innenausschusses ist einberufen worden, um zu klären, ob Wellinghausen ungenehmigten Nebentätigkeiten nachgegangen ist. Außerdem geht es um seine Einflussnahme für einen ehemaligen Mandanten in einem Disziplinarverfahren. Wellinghausen kam zuvor bereits wegen Zahlungen einer Radiologenpraxis ins Gerede. Während der Staatsrat nach der Ausschusssitzung für die Koalitionsparteien weitgehend entlastet ist, fordert die SPD einen Parlamentarischen Untersuchungsausschuss, um die Vorwürfe zu klären.

13. AUGUST Razzia um sechs Uhr morgens in der Justizvollzugsanstalt Fuhlsbüttel, genannt Santa Fu: Die Ermittler las-

»Ich tanze mit dir in den Himmel hinein…«, verspricht Retro-Bariton Max Raabe bei der Premiere seiner opulenten »Palast Revue« am 12. August im Thalia Theater

sen einen Dealer-Ring platzen, bei dem die Häftlinge womöglich von Justizvollzugsbeamten unterstützt worden sind. Zwei Tage später wird ein JVA-Bediensteter verhaftet. Er soll insgesamt mehr als zwei Kilo Haschisch in das Gefängnis geschmuggelt haben.

■ Schwimm-Weltmeisterin Sandra Völker gibt offiziell bekannt, dass sie die Hansestadt Ende des Monats verlässt und ab 1. September in Leipzig trainieren wird. Sie begründet ihre Entscheidung, die durch eine Indiskretion des Hamburger Schwimm-Verbandes bereits am Tag zuvor durchgesickert ist, damit, dass sie etwas Grundlegendes ändern müsse, wenn sie noch einmal um olympische Medaillen schwimmen wolle.

Großer Empfang für die »Sea Cloud II«: Sie hat 24 Segel mit zusammen 2758 Quadratmeter Fläche, gehört zu den schönsten Segelschiffen der Welt und ist zum ersten Mal in Hamburg

■ In einem Eilverfahren erstreiten zwei Elternpaare erstmals in Hamburg vor dem Verwaltungsgericht ihr Anrecht auf Kita-Gutscheine. Die Behörde für Bildung und Sport kündigt Berufung an.

14. AUGUST Am Hanseatischen Oberlandesgericht beginnt der zweite Hamburger Prozess um die Terroranschläge des 11. September 2001: Dem Marokkaner Abdelghani Mzoudi wird die Mitgliedschaft in einer terroristischen Vereinigung und Beihilfe zum Mord in mindestens 3066 Fällen vorgeworfen. Der Angeklagte gilt als Statthalter der Terrorgruppe um Mohammed Atta.

15. AUGUST Beamte des Mobilen Einsatzkommandos nehmen im Hotel Elysée zwei Männer fest, die von einem Hamburger Unternehmer zwölf Millionen Euro erpressen wollen. Die Erpresser drohten damit, sicherheitsrelevante Informationen über die Firma an die Presse weiterzugeben. Ins Elysée sind sie gekommen, um mit Vertretern des Unternehmens die Geldübergabe zu besprechen.

16. AUGUST Innenstaatsrat Walter Wellinghausen gerät weiter unter Druck, nachdem bekannt wird, dass Michael Stich dem Hamburger Abendblatt gegenüber erklärt hat, der Politiker habe ihn noch im Frühjahr 2002 – also als er bereits Staatsrat war – für eine Investition bei der Münchner Isar Klinik II AG gewinnen wollen. Auch für eine Kooperation mit einer Hamburger Rückenklinik, an der Stich beteiligt ist, habe sich der Staatsrat eingesetzt.

18. AUGUST Aus der Affäre um Walter Wellinghausen wird eine Rathauskrise: Während die frisch aus dem Urlaub zurückgekehrte Bürgermeister Ole von Beust offenbar den Rücktritt des Staatsrats erwartet,

Der Abgang: Ronald Schill hat soeben die Pressekonferenz beendet, seine politische Laufbahn womöglich auch. Die Konferenz gipfelte in einem beispiellosen Eklat

droht Innensenator Ronald Schill für den Fall der Entlassung Wellinghausens mit dem Bruch der Koalition. Schließlich scheinen sich die beiden auf ein Disziplinarverfahren gegen den Staatsrat zu einigen.

Party ohne Ende – was dagegen? Beim Welt-Astra-Tag an den Landungsbrücken am 16. August waren diese Klebe-Tattoos bei den Feierfreudigen heiß begehrt

■ Die Hauptversammlung des Kaffeerösters Tchibo macht den Weg für die Trennung der Eigentümer frei: Mit vier Milliarden Euro werden die Geschwister Günter und Daniela Herz, die zusammen 39,5 Prozent an Tchibo halten, ausgezahlt. Für die Geschicke des Traditionsunternehmens sind fortan allein die Geschwister Michael, Wolfgang und Joachim sowie die Mutter Ingeburg Herz zuständig. Der Trennung ist ein jahrelanger Streit zwischen den Geschwistergruppen vorausgegangen.

19. AUGUST Die Affäre Wellinghausen mündet in einem in der Geschichte der Bundesrepublik beispiellosen Eklat: Auf einer Pressekonferenz gibt Bürgermeister Ole von Beust bekannt, dass er nicht nur den Staatsrat, sondern auch Innensenator Ronald Schill entlassen habe. Schill sei für das Amt »charakterlich nicht geeignet«. Von Beust habe Schill mitgeteilt, Wellinghausen entlassen zu wollen. Daraufhin habe Schill ihm gedroht, die Öffentlichkeit darüber zu informieren, dass er seinen angeblichen Lebenspartner, Justizsenator Roger Kusch, in den Senat geholt und damit Privates mit Dienstlichem verquickt habe. Von Beust erklärt, mit Kusch lediglich seit langem befreundet zu sein. Zudem sei Kusch Mieter in einer Wohnung, die von Beust gehört.

Der bei der Pressekonferenz ebenfalls anwesende Ronald Schill behauptet, nachdem von Beust den Saal verlassen hat, den Bürgermeister nicht erpresst, sondern mit den Worten »Nur wenn du unschuldig bist, werfe den ersten Stein« an ihn appelliert zu haben. Außerdem habe er Zeugen für das Verhältnis des Bürgermeisters mit dem Justizsenator.

Am Nachmittag erklären alle Koalitionspartner, das Regierungsbündnis fortsetzen zu wollen. Bausenator Mario Mettbach, Bundesvorsitzender der Schill-Partei, entschuldigt sich im Namen aller Parteimitglieder »für die Ausfälle Ronald Schills«. Die Opposition beantragt Neuwahlen.

■ Größter Rauschgiftfund in der Geschichte der Hamburger Drogenfahndung: Bei einer Razzia in einer Gärtnerei in Neuengamme entdecken Ermittler einen Gewächshauskomplex mit rund 7500 Cannabispflanzen – Experten schätzen, dass das als Rohstoff für bis zu zwei Tonnen Marihuana reichte und einen Schwarzmarktwert von zwölf Millionen Euro hätte.

21. AUGUST Bürgermeister Ole von Beust ernennt Bausenator Mario Mettbach zum Zweiten Bürgermeister. Innensenator soll Schills bisheriger Büroleiter, der 45 Jahre alte Dirk Nockemann (Schill-Partei), werden.

22. AUGUST Mit einem Leichenwagen demonstrieren Pastoren der Hauptkirche St. Petri in der Innenstadt gegen die öffentliche Zurschaustellung eines Exponats der »Körperwelten«. Der Sender Radio Hamburg – direkter Nachbar der Kirche – hatte angekündigt, den »Fliegenden Torwart« im Gläsernen Studio ausstellen und so auch Passanten schon zugänglich machen zu wollen. Schließlich einigen sich Kirche und Sender: Das Plastinat wird zwar aufgestellt, durch eine Jalousie aber vor den Blicken der Passanten geschützt, nur Besucher des Senders können es sehen.

23. AUGUST Auf der Moorweide eröffnet die Ausstellung »Die Terrakotta-Armee«. Sie zeigt drei Monate lang Nachbildungen der berühmten, mehr als 2000 Jahre alten Soldaten des chinesischen Kaisers Qin Shi Huang Di.

Die Tonkrieger der Terrakotta-Armee wurden nicht aus einem Stück modelliert, sondern bestehen aus mehreren Teilen

Gekauft viel teurer: Hamburgs Polizei muss sparen – und züchtet ihre Diensthunde jetzt selbst. Hier die ersten Welpen

24. AUGUST Wenig Grund zur Freude bei der Geburtstagsfeier des HSV: Zwar ist er als einziger Club seit 40 Jahren in der Bundesliga, aber er muss sich mit einem 0 : 2 gegen Bayern München zufrieden geben und rutscht damit auf den 17. Tabellenplatz.

26. AUGUST Das Hamburger Verwaltungsgericht stoppt vorläufig den Bau einer UMTS-Anlage auf dem Dach eines Hauses in der Hallerstraße. Anwohner hatten gegen die Errichtung der Antenne geklagt, weil sie die Folgen der Strahlung fürchten. In Hamburg stehen mehr als 1000 Mobilfunksendeanlagen.

27. AUGUST Hamburg hat das beste Theater Deutschlands: Die Jury der Fachzeitschrift »Theater heute« wählt das Thalia zum

Sein 40-jähriges Bühnenjubiläum feiert Achim Reichel, einst Kopf der legendären Rattles, in der Fischauktionshalle – musikalisch unterstützt u. a. von Jan Fedder und Klaus Lage

Zur Feier der Deutschen Nationalstiftung dirigiert Kurt Masur am 25. August das Schleswig-Holstein Musik Festival Orchester im ausverkauften Michel

»Theater des Jahres«. Außerdem beim Thalia ausgezeichnet: Felix Knopp als »bester Nachwuchsdarsteller im deutschsprachigen Raum« und »zeit zu lieben, zeit zu sterben« von Armin Petras alias Fritz Kater als »deutschsprachiges Stück des Jahres«. Victoria Trauttmansdorff und Fritzi Haberlandt kommen auf Platz zwei als »beste Darstellerinnen«.

■ Hamburg und Schleswig-Holstein rücken enger zusammen: Bürgermeister Ole von Beust und Ministerpräsidentin Heide Simonis unterzeichnen in Kiel drei Staatsverträge: Demnach werden ab 1. Januar 2004 die Statistischen Landesämter, die Datenzentralen und die Eichämter zusammengelegt. Nun müssen nur noch Bürgerschaft und Kieler Landtag dem Projekt zustimmen. Einen Nordstaat soll es jedoch nicht geben.

28. AUGUST Das 1994 gestohlene Gemälde »Nebelschwaden« von Caspar

David Friedrich kehrt zurück in die Kunsthalle. Es war neun Jahre zuvor nach Frankfurt ausgeliehen und dort entwendet worden. Ein Vermittler trat Anfang des Jahres mit einer Lösegeldforderung von insgesamt 1,75 Millionen Euro an die Kunsthalle heran. Nachdem sich das Museum weigerte, der Forderung nachzukommen, entschied sich der Mann für eine Rückgabe des Gemäldes ohne Lösegeld.

■ Polizeipräsident Udo Nagel appelliert an die Bürger, gefährliche Waffen wie Springmesser und Wurfsterne freiwillig abzugeben.

Das neue Waffengesetz verbietet derartige Waffen, sieht aber eine Amnestie bei ihrer Vernichtung vor. Die Frist, bis zu der Waffen straffrei abgegeben werden können, läuft am 31. August um Mitternacht aus. Als die Polizei einige Tage später Bilanz zieht, muss sie feststellen, dass weitaus weniger Waffen abgegeben worden sind als erhofft.

30. AUGUST Im Erotic Art Museum eröffnet Leichenpräparator Gunther von Hagens' umstrittene Ausstellung »Körperwelten«. Im Mittelpunkt der etwa 200 Exponate umfassenden Schau steht das »Scheuen-

Uwe Schneede freut sich, die »Nebelschwaden« von Caspar David Friedrich wieder in der Kunsthalle zu haben – auch wenn die Rückzahlung der Versicherungssumme für das neun Jahre zuvor gestohlene Bild ein Problem ist

de Pferd mit Reiter«, das bei der Ausstellung in München nicht gezeigt werden durfte. Der Andrang ist am ersten Wochenende so groß, dass Besucher an der Kasse lange Wartezeiten in Kauf nehmen.

■ Nur 99 Sekunden braucht Wahl-Hamburger Wladimir Klitschko, um vor 12 500 Zuschauern in der Münchner Olympiahalle den Argentinier Fabio Moli durch K. o. zu besiegen.

Mit einem pompösen Feuerwerk startet das 28. Alstervergnügen. In diesem Jahr kommen weniger Besucher als sonst – der Freitag fällt bei starkem Regen komplett ins Wasser

Begegnung mit einem Plastinat bei den »Körperwelten«: der »Schachspieler« und Abendblatt-Redakteurin Elisabeth Stimming

■ Das Beachvolleyball-Duo Stephanie Pohl und Okka Rau vom TV Fischbek ist neuer Europameister: Im türkischen Alanya gewinnen die beiden das EM-Finale gegen die Deutschen Andrea Ahmann und Jana Vollmer.

Was sonst noch geschah

■ **14. AUGUST:** Der größte Stromausfall in der Geschichte Nordamerikas legt das Leben im Nordosten und Mittelwesten der USA sowie teilweise im Süden Kanadas lahm. Schuld an dem Ausfall sind vermutlich drei defekte Übertragungsleitungen im US-Staat Ohio.

■ **18. AUGUST:** Die ein halbes Jahr zuvor in Algerien entführten 14 Sahara-Geiseln, unter ihnen neun Deutsche, werden in Mali freigelassen und treten tags darauf die Heimreise an.

■ **19. AUGUST:** Bei einem schweren Autobombenanschlag auf das UNO-Hauptquartier in Bagdad kommen 23 Menschen ums Leben, unter ihnen auch der UNO-Sonderbeauftragte für den Irak, Sergio Vieira de Mello. Rund 100 Menschen werden verletzt.

SEPTEMBER

1. SEPTEMBER Das Hamburger Verwaltungsgericht erklärt die Hundeverordnung für nichtig. Sie ist zwei Jahre zuvor erlassen worden, nachdem ein Sechsjähriger auf einem Schulgelände in Wilhelmsburg von zwei Kampfhunden getötet wurde. Gegen das Urteil legt die Stadt Berufung ein.

Smarte Lösung: Elf Zwerge unterstützen ab sofort die Feuerwehr – eher beim Transport als beim Löschen

■ Der Gasversorger Hein Gas fusioniert mit der Rendsburger Schleswag und der Schweriner Hansegas zur E.ON Hanse. Rund 400 Mitarbeiter von Hein Gas in Hamburg sollen in die Zentrale des neuen Unternehmens nach Quickborn wechseln, etwa 1000 bleiben in der Hansestadt.

2. SEPTEMBER Graffiti können teuer werden: Ab sofort müssen Sprayer mit einem Ordnungsgeld von bis zu 5000 Euro rechnen.

■ Erstmals in ihrer Geschichte organisieren der Deutsche Gewerkschaftsbund Hamburg und der Deutsche Beamtenbund Hamburg gemeinsam eine Demonstration. Rund 3000 Beamte und Beschäftigte des öffentlichen Dienstes protestieren in der Innenstadt gegen die geplanten Kürzungen beim Weihnachts- und Urlaubsgeld.

3. SEPTEMBER Erste Bewährungsprobe für die Koalition seit dem Eklat um Ex-Innensenator Ronald Schill: Mit 60 zu 57 Stimmen bei zwei Enthaltungen und zwei ungültigen Stimmen wählt die Bürgerschaft Dirk Nockemann zum neuen Innensenator. Schill drohte zuvor in Interviews an,

Dirk Nockemann wird am 3. September als Innensenator vereidigt

»Park Fiction«: 2002 wurde auf der documenta der Antoni-Park am Pinnasberg vorgestellt, jetzt ist der erste Teil fertig und lädt zum Sonnenbad unter Palmen aus Stahl

»eine Bombe platzen« zu lassen und damit die Wahl zu verhindern, hielt sich dann jedoch mit weiteren »Enthüllungen« zurück.

4. SEPTEMBER In Fuhlsbüttel wird die neu gestaltete KZ-Gedenkstätte eingeweiht. Rund 250 ehemalige Häftlinge aus Frankreich, Belgien, der Ukraine, Russland, Weißrussland, Polen und Ungarn nehmen an der Eröffnung teil.

■ Der neue Innensenator Dirk Nockemann erklärt die Bekämpfung von Mädchenkriminalität zur Chefsache. Erst zwei Tage zuvor ist eine 15-Jährige in Schnelsen von 18 Jugendlichen – 14 von ihnen Mädchen – krankenhausreif geprügelt worden. Jeder vierte Hamburger Tatverdächtige unter 18 Jahren ist mittlerweile ein Mädchen.

5. SEPTEMBER Kultursenatorin Dana Horáková überreicht im Michel dem Dramatiker Michael Batz den Alexander-Zinn-Preis. Der mit 8000 Euro dotierte Hamburger Staatspreis wird ihm für sein Buch »Spiegelgrund und der Weg dorthin. Holocaust in Hamburg« verliehen.

6. SEPTEMBER Zur Eröffnung der umgestalteten Gedenkstätte Neuengamme kommen 300 Überlebende des ehemaligen Konzentrationslagers. Erst im Juli wurde die Justizvollzugsanstalt auf dem Gelände geschlossen – eine späte Würdigung der Opfer.

■ 1,5 km Schwimmen, 40 km Radfahren und 10 km Laufen – der Tortur unterziehen sich beim diesjährigen »Holsten City Man«-Triathlon 109 Profis und 4700 so genannte Jedermänner – zur Freude von 260000 Zuschauern. Am Ende gewinnt Anja Dittmer bei den Frauen und Andrew Johns einen Tag später bei den Männern.

7. SEPTEMBER Die Verbrauchermesse »Du und Deine Welt« geht mit einem deutlichen Besucherplus gegenüber dem Vorjahr zu Ende: Die 900 Aussteller aus 36 Nationen konnten innerhalb der zehn Messetage rund 190000 Gäste begrüßen.

9. SEPTEMBER Dem Universitätsklinikum Eppendorf fehlen in den kommenden Jahren voraussichtlich 100 Ärzte –

Anja Dittmer feiert den zweiten Weltcupsieg ihrer Karriere. Die Neubrandenburgerin brauchte beim Triathlon nur 1:54:36 Stunden

Grund dafür ist das Urteil des Europäischen Gerichtshofes, nach dem künftig der Bereitschaftsdienst im Krankenhaus für Ärzte als Arbeits- und nicht wie bisher als Ruhezeit zu werten ist.

10. SEPTEMBER Schwarzer Mittwoch für die Barmbeker Bugenhagenkirche: Ihr Vorstand tritt zurück, ihre Gemeinde ist damit handlungs- und außerdem zahlungsunfähig und steht vor der Auflösung. Dra-

Holsten City Man wird in diesem Jahr der Brite Andrew Johns

Rüdiger Nehberg genießt seine Rückkehr – Lebensgefährtin Annette Weber (r.) und Tochter Kirsten auch. Der 68-Jährige war wochenlang im brasilianischen Urwald unterwegs

matischer Mitgliederschwund und Schulden haben zum Desaster geführt. Jetzt soll ein kommissarischer Vorstand die Umgemeindung in die Barmbeker Kreuzkirche planen.

12. SEPTEMBER Zum Auftakt des vierten Hamburger Musikfests lässt Komponist Manfred Stahnke mit seinem Auftragswerk »Calling« die Glocken des Michel, der Katharinen-, Jacobi- und Petrikirche klingen. Internationale Künstler und Ensembles setzen sich bei dem neuntägigen Festival mit dem Leitmotiv »Gott« auseinander.

13. SEPTEMBER Bei einer Klausurtagung des Landesvorstandes beschließt die Hamburger SPD, ihre Basis über den Spitzenkandidaten für die nächste Bürgerschaftswahl mitentscheiden zu lassen. Die beiden Kandidaten, Ex-Wirtschaftssenator Thomas

Barmbek-Barde: Lotto King Karl spielt im Stadtpark am 12. und 13. September – die Eintrittskarten waren schon Tage vorher ausverkauft

Mirow und Gesundheitsexperte Mathias Petersen, stellen sich in den nächsten Wochen in den Kreisverbänden den Mitgliedern.

15. SEPTEMBER Startschuss für das Volksbegehren für ein »faires Hamburger Wahlrecht«: Kernstück des Entwurfs der Initiative »Mehr Bürgerrechte« ist die Einführung von 17 Wahlkreisen; jeder Wähler soll fünf Stimmen erhalten, die er nach Belieben unter den Kandidaten verteilen kann. Die Initiative sammelt innerhalb der kommenden zwei Wochen so viele Unterschriften, dass die Wähler im Juni 2004 über eine Änderung des Bürgerschaftswahlrechts abstimmen werden. Zwölf Tage zuvor hatte die Bürgerschaft ebenfalls Eckpunkte für ein neues Wahlrecht beschlossen und sich darauf geeinigt, dass es künftig Wahlkreise mit je einem Direktmandat geben soll.

16. SEPTEMBER Unbekannte Täter zünden das denkmalgeschützte »Alte Haus«

Karneval der Kulturen: 80 000 Menschen feiern am 13. September das multikulturelle Spektakel

Oldtimer, die Fluggeschichte schrieben: Die dritten Hamburg Airport Classics locken mehr als 100 000 Fliegerei-Fans nach Fuhlsbüttel

auf dem Gelände der Stiftung Rauhes Haus in Horn an. Das 170 Jahre alte, reetgedeckte Gründergebäude wird stark zerstört. Die mehr als 80 Feuerwehrleute, die über zwei Stunden versuchen den Brand zu löschen, können gemeinsam mit Mitarbeitern der Stiftung etliche Kunst- und Einrichtungsgegenstände aus dem als Museum und Begegnungsstätte genutzten Gebäude retten.

Wasserdampf statt Abgaswolke: Am 16. September nimmt die Hochbahn drei Busse in Betrieb, die mit Wasserstoff fahren. Die Umweltwunder werden erst mal zur Probe in Hummelsbüttel eingesetzt – dort steht ihre Wasserstofftankstelle

17. SEPTEMBER Der Hamburger Journalist und Schriftsteller Ralph Giordano wird in Berlin mit dem Leo-Baeck-Preis 2003 geehrt, der höchsten Auszeichnung, die der Zentralrat der Juden in Deutschland zu vergeben hat.

18. SEPTEMBER Auf einem Acker in Ochsenwerder entdecken Hobby-Archäologen Trümmer eines Jagdbombers vom Typ Junkers Ju 88 C aus dem Zweiten Weltkrieg. Der Nachtjäger stürzte im Dezember 1943 ab und liegt seither anderthalb Meter unter der Ochsenwerder Erde. Die zu Hilfe gerufenen Spezialisten der Feuerwehr identifizieren in den Wrackteilen unter anderem eine 50 Kilogramm schwere Brandbombe; Tage später werden die sterblichen Überreste des Piloten geborgen.

■ Zahlenwirrwarr bei der Polizei: Präsident Udo Nagel räumt ein, dass die von der Innenbehörde Ende Juli vorgelegte Kriminalstatistik zum ersten Halbjahr 2003 falsch war. Anders als vom damaligen Innensenator Ronald Schill behauptet sei demnach die Kriminalität in den ersten sechs Monaten des Jahres nicht um 2,5 Prozent zurückgegangen, sondern um 2,8 Prozent gestiegen. Ursache

Christina Aguilera startet ihre Europatournee am 22. September in der Color Line Arena

für die Panne: Durch Bedienungsfehler eines neuen Computerprogramms seien 7220 Kriminalfälle nicht erfasst worden. Wenige Tage später muss die Halbjahresstatistik erneut korrigiert werden – diesmal um 2000 Straftaten nach unten.

19. SEPTEMBER Das 11. Hamburger Filmfest startet im Cinemaxx am Dammtor mit der Deutschlandpremiere der britischen Komödie »Calendar Girls«. Das achttägige Cineasten-Festival lockt Stars wie Sophia Loren in die Stadt, 28 000 Besucher in die Kinos und vergibt den Douglas-Sirk-Preis in diesem Jahr an die französische Schauspielerin Isabelle Huppert.

23. SEPTEMBER Die Hafenrundfahrt der »Nordsee IV« endet für sieben der 21 Fahrgäste im Krankenhaus, nachdem die Barkasse eine Kaimauer im Steinwerder Hafen gerammt hat. Die Unglücksursache kann zunächst nicht geklärt werden· Während der Barkassenführer angibt, das Ruderblatt habe nicht mehr reagiert, meinen einige Passagiere, er sei unaufmerksam gewesen und habe deshalb nicht mehr rechtzeitig ab-

drehen können, als das Schiff auf die Mauer zusteuerte.

■ Die Polizei zerschlägt zwei deutsch-polnische Autohehlerbanden: Bei der Durchsuchungsaktion in Hamburg, Berlin, Bremen und Niedersachsen stellen 270 Polizisten 32 gestohlene Luxuswagen im Wert von 2,5 Millionen Euro sicher und nehmen rund 20 Hehler und Helfer fest. Die Polizei spricht vom größten Autoschieber-Verfahren der vergangenen Jahre.

Die Gäste im Literaturhaus begrüßt sie auf Deutsch: Die französische Schauspielerin Isabelle Huppert wird am 25. September mit dem Douglas-Sirk-Preis des Filmfests ausgezeichnet

24. SEPTEMBER Die Koalition stimmt in der Bürgerschaft geschlossen gegen Neuwahlen, die die Opposition nach der Entlassung Schills beantragt hat.

Ausverkaufte Musikhalle am 25. September: Heather Nova bekommt viel Applaus und demnächst ein Kind

Nordelbischen Akademie. Rund 50 Mitarbeiter werden bis Mitte 2004 entlassen.

27. SEPTEMBER Nach monatelanger Ruhe kommt es wieder zu Auseinandersetzungen zwischen Polizei und Bambule-Sympathisanten: Bei der Räumung eines drei Stunden zuvor besetzten Bahngeländes an der Harkortstraße werden 84 Demonstranten festgenommen. Zwei Tage später nimmt die Polizei in der Innenstadt mehr als 70 Bambule-Unterstützer, die für Verhandlungen um einen neuen Bauwagenplatz demonstrieren, in Gewahrsam.

26. SEPTEMBER Der ehemalige Staatsrat und Leiter des Bezirksamts Altona, Hans-Peter Strenge (SPD), wird in Rendsburg zum Präsidenten der Nordelbischen Synode gewählt. Tags darauf einigt sich das Kirchenparlament endgültig auf die Schließung der

29. SEPTEMBER Das Kollegium der Oberalten, früher ein Verfassungsorgan, heute nur noch ein ehrenamtliches kirchliches Gremium, feiert im Großen Festsaal des Rathauses mit 500 Gästen sein 475-jähriges Bestehen.

Was sonst noch geschah

■ **9. SEPTEMBER:** Die Münchner Polizei findet bei einem Rechtsextremisten Sprengstoff und Waffen. Die Fahnder vermuten, dass der Mann gemeinsam mit anderen Neonazis einen Anschlag während der Grundsteinlegung für das jüdische Zentrum in München am 9. November plante.

■ **10. SEPTEMBER:** Die schwedische Außenministerin Anna Lindh wird in einem Stockholmer Kaufhaus niedergestochen und erliegt am Tag danach ihren Verletzungen.

■ **13. SEPTEMBER:** Das Tauziehen ist beendet: Spanien liefert Lutz Drach, den Bruder des Reemtsma-Entführers Thomas Drach, an Deutschland aus. Ihm wird vorgeworfen, das Lösegeld aus der Entfüh-

rung des Hamburger Millionärs Jan Philipp Reemtsma gewaschen zu haben.

■ **21. SEPTEMBER:** Die CSU kommt bei der Landtagswahl in Bayern auf 60,7 Prozent der abgegebenen Stimmen. Damit verfügt erstmals seit 1946 eine Partei in einem Landesparlament über die Zweidrittelmehrheit. Die SPD muss neun Prozentpunkte abgeben und rutscht auf 19,6 Prozent.

■ **28. SEPTEMBER:** Italien erlebt den größten Stromausfall seiner Geschichte: 57 Millionen Menschen werden von der Stromversorgung abgeschnitten, mindestens fünf Menschen sterben. Schuld an dem Ausfall ist vermutlich ein Baum, der auf eine der Hauptstromleitungen stürzte.

OKTOBER

1. OKTOBER Die ersten 87 Absolventen der im Jahr 2000 gegründeten Bucerius Law School haben ihre Baccalaureus-Legum-Abschlüsse erreicht. Sie haben innerhalb von nur drei Jahren sämtliche Studienleistungen bis zum ersten Staatsexamen erbracht und 9000 Euro Studiengebühr pro Jahr bezahlt.

■ Der Nachfolger für Tom Stromberg steht fest: Ab August 2005 wird der derzeitige Stuttgarter Theaterleiter Friedrich Schirmer Intendant des Schauspielhauses.

Zur Premiere von »Holiday on Ice« wird es am 2. Oktober heiß auf dem Eis in der Color Line Arena

Die Große Freiheit ist am Tag der Deutschen Einheit ausverkauft – die Fans feiern die Hamburg-Berliner Band Wir sind Helden

7. OKTOBER Aus einer 65 Quadratmeter großen Wohnung in Neuwiedenthal befreien Ärzte rund 170 Tiere, darunter mehr als 70 Kaninchen, 40 Katzen und 50 Vögel. Die Mieterin hatte die meisten Tiere in Käfigen gehalten.

9. OKTOBER Bei einer Routinekontrolle auf dem Rasthof Stillhorn an der A1 wird ein griechischer Lkw gestoppt, in dem Zollfahnder rund 3,5 Millionen geschmuggelte Zigaretten finden. Der Schwarzmarkt-

Knappe Kostüme und viele Showeffekte: Mariah Carey am 10. Oktober in der Color Line Arena

Der Skandal bleibt aus, trotz 15 Liter Theaterblut: Michael Thalheimers »Woyzeck«-Inszenierung läuft am 4. Oktober im Thalia an

Die Uraufführung von Dea Lohers »Unschuld« am 11. Oktober im Thalia Theater wird als großer dramaturgischer Wurf gefeiert

wert beträgt 350 000 Euro, dem Fiskus bleibt ein Steuerschaden von 450 000 Euro erspart.

10. OKTOBER Zum 50-jährigen Bestehen des Europa-Kollegs Hamburg hält Außenminister Joschka Fischer (Die Grünen) eine Festrede. »Zu einem starken Europa gibt es keine Alternative«, sagt er vor rund 200 Gästen im Kaisersaal des Rathauses.

11. OKTOBER Ein 35 Jahre alter Mann bringt nacheinander vier Frauen und ein Kleinkind in seine Gewalt. Sein erstes Opfer ist seine Schwägerin, die sich jedoch befreien kann. Seine Amokfahrt beginnt in Osdorf und endet auf einer Tankstelle in der Kieler Straße, wo er von der Polizei überwältigt wird.

■ Die deutsche Fußballnationalmannschaft gewinnt vor 50 000 Fans in der AOL-Arena gegen Island mit 3 : 0 und qualifiziert sich für die Europameisterschaft in Portugal.

13. OKTOBER In Zusammenarbeit mit der Körber-Stiftung und der Zeitschrift »Geolino« startet an der Universität eine spe-

Kinder-Uni statt »Sendung mit der Maus«:
Warum regnet es?

 zielle Vorlesungsreihe für Kinder. In der ersten Veranstaltung erklärt Klimaforscher Professor Hartmut Graßl mehr als 1200 Kindern, warum und wie es regnet.

14. OKTOBER Im Hafen wird ein toter Finnwal geborgen. Das mehr als zwölf Meter lange Tier wird am frühen Morgen im Hansabecken entdeckt, der 14 Tonnen schwere Kadaver muss von der Feuerwehr mit Hilfe eines Krans an Land gehievt werden. Ein Wal von dieser Größe ist zuletzt vor mehr als 70 Jahren in Hamburg gesichtet worden.

15. OKTOBER In der Ukraine verliert der HSV 0:3 gegen Dnjepr Dnepropetrowsk und scheitert damit in der ersten Runde des UEFA-Cups. Neben der sportlichen Blamage bedeutet das frühe Aus auch ein finanzielles Debakel für den Verein, der UEFA-

Der Finnwal ist vermutlich schon eine Woche zuvor in der Nordsee gestorben. Entdeckt wird er im Hansahafen

Chamäleon der Rockmusik: David Bowie unterhält am 16. Oktober rund 10 000 Zuhörer in der Color Line Arena

Cup-Einnahmen bis zur dritten Runde einkalkuliert hatte. Jetzt fehlen mindestens 2,5 Millionen Euro in der Jahresrechnung.

16. OKTOBER Der Pfleger Jörg R. wird von der Jugendstrafkammer des Landgerichts wegen fahrlässiger Tötung verurteilt. Er hatte im Februar 2001 als Zivildienstleistender in der Zinnendorf-Stiftung einen Schwerstbehinderten auf dessen Wunsch in einen Müllcontainer gelegt, in dem dieser ums Leben kam. In einem ersten Prozess hatte das Landgericht den Pfleger freigesprochen. Zwar wird dieses Urteil jetzt aufgehoben, aber keine Strafe verhängt.

■ In einem S-Bahn-Tunnel nahe dem Bahnhof Harburg bricht am späten Abend ein Brand aus, der einen Stromausfall im gesamten Streckenabschnitt verursacht. In der Nacht wird der S-Bahn-Verkehr zwischen Neugraben und Hammerbrook eingestellt. Die Strecke zwischen Harburg Rathaus und Wilhelmsburg bleibt tagelang gesperrt. Trotz des eingerichteten Ersatzverkehrs kommt es auf der hoch frequentierten Strecke teilweise zu chaotischen Zuständen.

18. OKTOBER Vor 15 000 Zuschauern in der AOL-Arena kassiert Dariusz Michalczewski im 49. Kampf seiner Profi-Karriere seine erste Niederlage. Gegen den Mexikaner Julio Cesar Gonzalez unterliegt der Tiger in einem leidenschaftlichen Fight nach Punkten und sagte unmittelbar nach

Klaus Toppmöller will dem HSV neues Leben einhauchen

Der Tiger hat sich die Zähne ausgebissen: Dariusz Michalczewski nach der ersten Niederlage seiner Profi-Karriere

World Awards von Männern für Männer, die die Welt verändern: Michail Gorbatschow ehrt Modezar Karl Lagerfeld (r.) – im nächsten Jahr soll es den Preis auch für Frauen geben

der Niederlage, er wisse noch nicht, ob er je wieder als Profi in den Ring steige.

20. OKTOBER Der Vorstand der Hamburger SPD spricht sich mit 17 zu zwei Stimmen deutlich für Thomas Mirow und gegen Mathias Petersen als Bürgermeisterkandidaten aus. Allerdings muss der Parteitag dem Votum noch zustimmen.

21. OKTOBER Unter massiven Sicherheitsvorkehrungen eröffnen Ole von Beust und der ehemalige österreichische Bundeskanzler Franz Vranitzky im Rathaus die erste internationale Weltfriedenskonferenz in Hamburg. Mehr als 300 Zuhörer folgen unter anderem dem Bericht eines Feuerwehrmanns, der den Einsatz auf das World Trade Center am 11. September 2001 überlebt hat. Schirmherr der Veranstaltung ist Michail Gorbatschow.

■ Roland Salchow (CDU), Staatsrat in der Wissenschaftsbehörde, räumt ein, zu Beginn seiner Amtszeit Briefe als Professor unterzeichnet zu haben. Tatsächlich ist ihm der Titel nie verliehen worden. Dem Geständnis sind tagelang Gerüchte vorausgegangen.

22. OKTOBER Der HSV beurlaubt seinen Trainer Kurt Jara und zieht damit angesichts miserabler sportlicher Leistungen und eines schwachen 13. Platzes in der Bundesliga die Notbremse. Neuer Coach wird Klaus Toppmöller.

■ Michail Gorbatschow verleiht auf einer Gala in der Musikhalle die World Awards 2003: Ausgezeichnet werden u. a. der Schauspieler Michael Douglas für sein Lebenswerk, sein Kollege Morgan Freeman als wichtigster Charakterdarsteller, Polens Ex-Präsident Lech Walesa und das Dompteurs-duo Siegfried und Roy. Die Preisträger werden für ihre außerordentlichen Leistungen und ihr Engagement für eine bessere Welt geehrt.

23. OKTOBER Die Allianz verkauft für rund 4,4 Milliarden Euro fast ihr gesamtes Beiersdorf-Paket an eine Investorengruppe unter Führung von Tchibo. Auch die Stadt Hamburg übernimmt über ihre Beteiligungsholding HGV zehn Prozent am Nivea-Hersteller. Damit sind die Spekulationen um einen Einstieg des US-Konzerns Procter & Gamble und die Zerschlagung von Beiersdorf beendet.

Was sonst noch geschah

■ **7. OKTOBER:** Arnold Schwarzenegger geht aus den Gouverneurswahlen in Kalifornien als Sieger hervor.

■ **12. OKTOBER:** Michael Schumacher gewinnt beim Großen Preis von Japan in Suzuka den 16. und letzten Grand Prix des Jahres – und seinen sechsten WM-Titel. Damit ist er der erfolgreichste Fahrer in der Geschichte der Formel 1.

■ Die deutschen Fußball-Frauen besiegen in Carson (USA) die Mannschaft aus Schweden mit 2 : 1 und werden Weltmeisterinnen.

■ **15. OKTOBER:** China startet als dritte Nation nach der Sowjetunion und den USA in die bemannte Raumfahrt: Der Taikonaut Yang Liwei umkreist an Bord der Raumkapsel »Shenzhou 5« 14-mal die Erde und landet nach 21 Stunden wohlbehalten in der Steppe der Inneren Mongolei.

Achtung gefährliche Strömung
Lebensgefahr !

Menschen des Jahres

Charlene Bunge aus Wilhelmsburg hat im richtigen Moment das Richtige getan und dabei großen Mut bewiesen: Als sie an einem August-abend kurz vor 19 Uhr in der Süderelbe am Finkenwerder Hauptdeich den regungslosen Körper des dreijährigen Fabian kopfunter schwimmen sah, sprang sie ins Wasser, schwamm zu dem Kind und zog es auf dem Rücken schwimmend ans Ufer. Wenig später wurde Fabian mit dem Rettungshubschrauber ins Kinderkrankenhaus Wilhelmstift nach Rahlstedt geflogen, doch da war er bereits außer Lebensgefahr.

PETER FRANCK Verbarg Saddam Hussein geheime Waffensysteme vor den Kontrolleuren der UNO? Schon in den 90er-Jahren suchten UNO-Inspektoren im Irak nach verbotenen Substanzen und militärischen Einrichtungen, die der Irak vernichten sollte. Dabei war auch der Hamburger Peter Franck, Experte für Computer Forensic. In einem internationalen Team mit fünf Informatikern half der 38-Jährige den Vereinten Nationen dabei, auf den Rechnern des irakischen Regimes nach Hinweisen auf gelöschte Waffenentwicklungsprogramme zu suchen – jedoch ohne fündig zu werden. Mit dem Beginn des Irak-Kriegs im März wurden die Inspektionen eingestellt. Jetzt widmet sich Franck wieder »zivilen« Aufgaben: Er fahndet in deutschen Netzen nach Betrügern und Verrätern von Firmengeheimnissen; und für die Bahrenfelder Firma Ibas rettet er Netzwerke vor dem Kollaps.

DANIEL SCHULZ hat viel zu tun. Als Leiter seines Software-Unternehmens DS-IT-media mit zehn freien Mitarbeitern arbeitet er häufig bis spät in die Nacht an individuellen Netzwerk-Lösungen für seine Kunden, unter anderem die Volksfürsorge. Aber alles nach den Hausaufgaben, versteht sich: Mit gerade mal 17 Jahren ist Daniel Schulz Hamburgs jüngster Unternehmer. Und ein höchst erfolgreicher dazu: Im vergangenen Jahr machte seine Software-Schmiede einen Umsatz von 250 000 Euro; für das nächste Jahr ist eine halbe Million angepeilt. Wenn er volljährig wird, möchte er den Vertrieb seiner Firma auf ganz Europa ausweiten. Dann kann er sich auch endlich einen großen Kleine-Jungen-Traum erfüllen: den ersten eigenen Mercedes.

HENNING ROCHOLL hat mehr als 70 000 Seemeilen zurückgelegt, viermal den Atlantik unter Segeln gekreuzt. Er war Etappensieger der »Hongkong Challenge 96/97« und hat sich auf hoher See mehr als einmal die Frage gestellt: »Was machst du, wenn es schief geht?« Heute ist der leidenschaftliche Blauwassersegler vom Jahrgang 1948 stellvertretender Vorsitzender des Norddeutschen Regatta Vereins (NRV) und des Hamburgischen Vereins Seefahrt (HVS). Anlässlich des 100. Geburtstags des HVS übernahm er nun das Ruder für eine weitere Herausforderung: Als Organisator und Event-Manager der DaimlerChrysler North Atlantic Challenge betreute er das 3500-Seemeilen-Spektakel New York–Hamburg, das am 14. Juni in New York startete – ausnahmsweise vom sicheren Ufer aus.

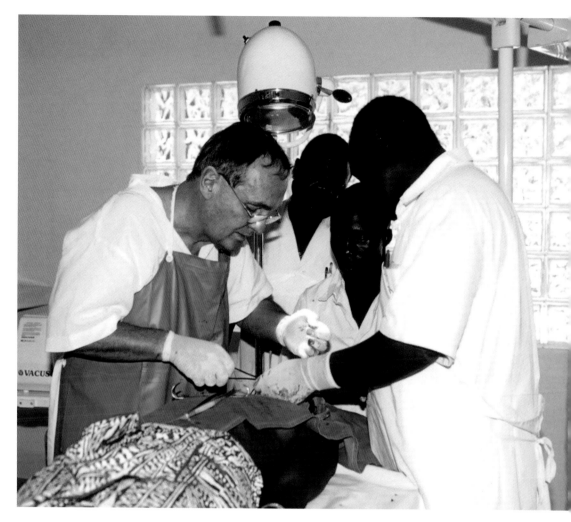

DR. GÖTZ EHMANN ist seit 31 Jahren als Engel in der Dritten Welt unterwegs. Regelmäßig reist der Mund-, Kiefer- und Gesichtschirurg und leitende Arzt des AK Barmbek nach Kamerun und Südindien und operiert kostenlos entstellte Menschen. Durchschnittlich 60 bis 80 Operationen führt der heute 63-Jährige während seiner je vierwöchigen Aufenthalte durch – meist unter abenteuerlichen Bedingungen. Gesichtstumoren, Hasenscharten, Wolfsrachen, Wasserkrebs – unzählige Kinder sind durch derartige Leiden fürchterlich entstellt; ihre Eltern verstecken sie oft aus Scham. Ehmann gibt ihnen neue Hoffnung und Perspektiven – ohne ein Honorar dafür zu berechnen. Die Reisekosten trägt er selbst, und auch die Instrumente und Medikamente bringt der Mediziner mit. »Der Lohn«, sagt er »ist das dankbare Lächeln dieser Menschen. Solches Lachen gibt es in Europa nicht mehr.«

FRITZI HABERLANDT ist an Erfolge gewöhnt: Für ihre Rolle in der Ingrid-Noll-Verfilmung »Kalt ist der Abendhauch« erhielt die junge Schauspielerin, die 1991 im Alter von 16 Jahren mit ihren Eltern aus Ostberlin nach Hamburg kam, den Bayerischen Filmpreis, 2001 kürte sie das Fachblatt »Theater heute« zur besten Nachwuchsschauspielerin, und für die Julie in »Liliom« erhielt sie den Boy-Gobert-Preis der Körber-Stiftung. Jetzt ist es der Alfred-Kerr-Preis für eine Nachwuchsschauspielerin, mit dem sie für ihre Rollen in Schnitzlers »Liebelei« (Regie: Michael Thalheimer) und »zeit zu lieben, zeit zu sterben« (Stück und Regie: Armin Petras) ausgezeichnet wurde. Von Robert Wilson entdeckt, ging sie 1999 zu Ulrich Khuon nach Hannover und kam mit ihm ans Hamburger Thalia Theater, dessen Ensemble sie seit der Saison 2000/01 angehört – mit großem Erfolg, wie sich immer wieder zeigt.

DR. CHRISTIAN DROSTEN Der 30 Jahre alte Wissenschaftler hat als Entdecker des weltweit Panik auslösenden SARS-Virus Schlagzeilen gemacht. Der Mediziner identifizierte im April den Erreger der tödlichen Lungenseuche SARS. Nach einer Woche ununterbrochener Arbeit in den Laboren des Bernhard-Nocht-Instituts auf St. Pauli war der Killer entlarvt und der Weg für eine rettende Therapie für Hunderte von Infizierten frei. Der Virologe wuchs auf einem

Bauernhof im Emsland auf, entdeckte die Liebe zur Medizin während seines Zivildienstes im Rettungsdienst und arbeitet seit drei Jahren im Bernhard-Nocht-Institut. »Ich hab nur mal Glück gehabt«, sagt Drosten bescheiden.

DR. JÜRGEN LÜTHJE Der 61-Jährige ist nicht nur Präsident der Hamburger Universität, er ist seit dem 10. Januar 2003 als erster Deutscher auch Ehrenmitglied der altehrwürdigen britischen Universität Cambridge. Der Jurist wurde vom Claire Hall College der Universität Cambridge für seine Verdienste um die internationalen Studienangebote der Hamburger Hochschule und für deren grenzüberschreitende Zusammenarbeit ausgezeichnet. Gemeinsam mit der Universität Cambridge unterhält die Uni Hamburg eine Professur am Fachbereich Geowissenschaften.

**FLORIAN BAXMEYER, ELKE SCHUCH UND
KAI LICHTENAUER** Das sind drei Hamburger Studenten, und das sind drei Oscar-Preisträger. Das Team holte sich – gemeinsam mit Kameramann Marcus Kanter – mit dem Kurzfilm »Die rote Jacke« den Studenten-Oscar in der Kategorie »Bester ausländischer Film«. »Vier Tage Hollywood! Mann!«, jubelte Regisseur Baxmeyer (28) aufgedreht ins Telefon. »Ich finde das so großartig!« Da ist er nicht allein: Mindestens ebenso stolz zeigte sich Hark Bohm über die Entscheidung der amerikanischen »Academy of Motion Picture Arts and Sciences«. Verdient ist die Auszeichnung allemal. Schon im vergangenen September hatte Studio Hamburg den richtigen Riecher bewiesen und dem Regisseur für seine pointierte, ausdrucksstarke Arbeit den lokalen Nachwuchspreis verliehen, auf dem Internationalen Studentenfilmfestival »SehSüchte« in Potsdam kam der Produzentenpreis für Kai Lichtenauer dazu. Dabei ist die Geschichte des prämierten Films, bei dem Mitstudent Marcus Kanter die Kamera führte und Elke Schuch das Drehbuch schrieb, schnell erzählt: Über Umwege gelangt eine signalrote Bayern-München-Trikotjacke von Blankenese nach Sarajevo und zurück. Schicksalhaft und poetisch verknüpft das symbolträchtige Kleidungsstück das Leben eines trauernden Hamburger Vaters mit dem eines bosnischen Kriegswaisenjungen.

JULIETTE SCHOPPMANN war ganz dicht vor dem Ziel, wurde dann aber doch nur Zweite in der RTL-Show »Deutschland sucht den Superstar«. Im Delphi-Showpalast, wo die gebürtige Staderin als Musical-Sängerin Erfahrungen gesammelt hatte, übertrug man das Finale auf einer Großbildleinwand. Auch wenn am Ende ihr Konkurrent Alexander das Rennen machte, hatte Juliette zumindest das Hamburger Publikum für sich eingenommen. Die 23-Jährige, die eine Tanz- und Muscial-Ausbildung absolvierte, erreichte zwar nur eine Quote von 29,9 Prozent der Anrufer, wurde aber im Saal mit Ovationen gefeiert. Vom Sternchen-Macher Dieter Bohlen sagte sich die selbstbewusste Sängerin anschließend los, um ihre eigenen Wege zu gehen. Ob sie in Richtung Karriere führen, ist noch offen.

In memoriam

Diese Landschaft bei Altengamme atmet Stille. Einsam steht die Galerie der Pappeln, die in den weiten Himmel ragen. Wer im späten Herbst als Wanderer hierher kommt, findet vielleicht sogar eher als auf einem Friedhof die innere Ruhe, um innezuhalten und sich an jene zu erinnern, deren Leben zu Ende gegangen ist. Auch wir erinnern an die Verstorbenen des vergangenen Jahres, an Menschen, deren Leben mit unserer Stadt verbunden war.

in Westfalen geboren, kam schon als Student in die Hansestadt, die ihm zur eigentlichen Heimat wurde. Er studierte an der Musikhochschule, an der er von 1968 bis 1999 auch als Professor tätig war. Nachdem er 2001 pensioniert wurde, engagierte er sich zuletzt für die Kirchenmusik in St. Ansgar, dem »kleinen Michel«.

GERT WESTPHAL war Schauspieler und Regisseur, bekannt und im besten Sinne populär wurde er aber durch seine Rezitationen literarischer Texte. »Vorleser der Nation« nannte man ihn schon, als die Nation noch geteilt war. Tatsächlich ist der Sachse mit dem Schweizer Pass diesseits und jenseits der Mauer aufgetreten: im Hamburger Thalia Theater ebenso wie in der Kreuzkirche seiner Heimatstadt Dresden. Dass sich Hörbücher inzwischen ihren Markt erobern konnten, ist nicht zuletzt Westphals Verdienst, der seit Jahrzehnten große Literatur von Goethe

GERHARD DICKEL genoss auch international als Organist und Kirchenmusiker einen hervorragenden Ruf, hätte sich jedoch niemals als Star bezeichnet. Sein künstlerisches Credo hat der Kirchenmusikdirektor, der am 14. Juli kurz nach seinem 65. Geburtstag starb, einmal so formuliert: »Mich reizt es, an einer großen Kirche mit ihren besonderen Möglichkeiten alle Kraft ausschließlich auf den Bereich gottesdienstlicher Musik zu konzentrieren.« Insgesamt 27 Jahre hat er diese Möglichkeiten immer wieder ausgeschöpft als Organist und Leiter des Jugendchores an der Hauptkirche St. Michaelis. Dickel wurde am 28. Juni 1938

über Fontane bis hin zu Thomas Mann großartig vorgetragen hat. Zunächst entstanden diese Aufnahmen für den Rundfunk, später konnte man sie auch als Schallplatte, Kassette und CD erwerben. Die treffendste Charakterisierung des Vorlesers stammt von Katja Mann, die ihn »Dichters obersten Mund« nannte. Der 82-Jährige starb am 10. November 2002 in Zürich an Krebs.

WILHELM BITTORF war als Journalist und Filmemacher erfolgreich. 1951 trat er, gerade 21-jährig, ins Auslandsressort des Nachrichtenmagazins »Der Spiegel« ein, dem er mit Unterbrechungen jahrzehntelang treu blieb. Er schrieb Bücher, unter anderem über Sport, Werbepsychologie, über Rüstung und Kriegsgefahr: Themen, die er auch wiederholt in »Spiegel«-Reportagen beleuchtete. Der Kisch- und Grimme-Preisträger machte zudem mit gesellschaftskritischen Dokumentarfilmen von sich reden. Mit Filmen wie »Die Borussen kommen« wollte er die Fernsehzuschauer für politische Zusammenhänge sensibilisieren. Bittorf, der sich in den 80er-Jahren leidenschaftlich gegen die Nachrüstung engagierte, war bis 1996 »Spiegel«-Redakteur. Er starb am 26. November 72-jährig in Hamburg an Herzversagen.

GERDA GMELIN musste 1999 ihr »Theater im Zimmer« schließen, aber für die damals fast 80-Jährige war das noch keineswegs das Ende ihrer Schauspielerlaufbahn. Noch im Herbst 2002 hatte sie, ihrer Krankheit trotzend, als »Winnie« im Beckett-Stück »Glückliche Tage« in der Komödie Winterhuder Fährhaus auf der Bühne gestanden. Sie gehörte zu den letzten großen Theaterpersönlichkeiten, die nach dem Krieg den künstlerischen Neuanfang geprägt hatten: Nach Lehrjahren an verschiedenen Bühnen übernahm sie 1959 das von ihrem Vater gegründete kleine »Theater im Zimmer«, um es 40 Jahre zu führen. Sie war Direktorin, Dramaturgin und oft genug auch Hauptdarstellerin in einer Person, Vorbild und Ratge

berin für viele Schauspielergenerationen. Mutig setzte sie sich für Neues und Ungewohntes ein und errang mit ihrem winzigen Theater fast legendären Ruhm. Gerda Gmelin starb am 14. April in Hamburg im Alter von 83 Jahren.

DOROTHEE SÖLLE war in der Öffentlichkeit weitaus bekannter als die meisten ihrer theologischen Kollegen. Sie engagierte sich gegen den Vietnamkrieg und die Nachrüstung und war bei Kirchentagen eine wichtige Wortführerin der kirchlichen Basisbewegungen. Mit ihrem kämpferischen Verständnis der christlichen Botschaft prägte sie das linke theologische Spektrum, wurde jedoch von konservativen kirchlichen Kreisen heftig abgelehnt. Obwohl sie sich bereits 1971 habilitierte, erhielt sie in Deutschland nie einen Lehrstuhl, lehrte aber von 1975 bis 1987 als Professorin für Systematische Theologie in New York. 1994 wurde sie zur Ehrenprofessorin der Hamburger Universität ernannt. Sölle schrieb Bestseller wie »Politische Theologie« und »Atheistisch an Gott glauben«. Am 27. April erlag die Hamburger Theologin 73-jährig den Folgen eines Herzinfarkts.

RALF ARNIE komponierte Ohrwürmer wie »Messer, Gabel, Schere, Licht«, »Schau ich zum Himmelszelt« und »Tulpen aus Amsterdam«. Als Artur Niederbremer in Löhne/Westfalen

geboren, kam er nach Kriegseinsatz und Gefangenschaft 1948 nach Hamburg, wo er mit »Ansonsten Herr Lutter«, gesungen von Friedel Hensch und den Cyprys, 1951 seinen ersten Erfolg hatte. Arnie, der unter anderem für Otto Waalkes, Udo Lindenberg, Vicky Leandros, Caterina Valente, Nana Mouskouri und die Blue Diamonds komponierte, schrieb insgesamt mehr als 1000 Lieder und war damit einer der erfolgreichsten deutschen Schlagerkomponisten. Nach einem Schlaganfall starb er am 19. Januar im Alter von 78 Jahren in Hamburg.

RUDOLF W. LEONHARDT gehörte jahrzehntelang zu den einflussreichsten deutschen Journalisten. Als Sohn eines Lehrerehepaars 1921 in Altenburg geboren, wurde er während des Zweiten Weltkriegs Soldat in der Luftwaffe. Später studierte er in Bonn,

London und Cambridge Geschichte, deutsche und englische Literatur, war kurzzeitig Dozent, um dann eine journalistische Laufbahn einzuschlagen. Von 1957 bis 1973 leitete er das Feuilleton der »Zeit«, das er zu einem der wichtigsten meinungsbildenden Foren in Deutschland machte. Er war ein exzellenter Literaturkenner mit sicherem Sprachgefühl und einer stark ausgeprägten anglophilen Neigung. Zudem schrieb er Bücher, von denen manche, wie etwa »Siebenundsiebzigmal England« und »x-mal Deutschland«, Bestseller wurden. Rudolf W. Leonhardt starb am 30. März 82-jährig in Hamburg.

ELISABETH OSTERMEIER feierte im Dezember 2001 ihre 70-jährige Mitgliedschaft in der SPD. Als sie 1931 der Partei beitrat, bewies sie mit ihrer Entscheidung Mut angesichts des heraufziehenden Nationalsozia-

lismus. Nach Kriegsende gehörte sie zu jenen, die sich sofort für den Aufbau der Demokratie engagierten. Sie war auch als Gewerkschafterin aktiv und gehörte lange Zeit dem Bundesvorstand der Gewerkschaft Nahrung, Genuss und Gaststätten an. Die Sozialdemokratin wurde 1946 als jüngste von 17 Frauen in die Hamburger Bürgerschaft gewählt, dort engagierte sie sich vor allem für Sozialpolitik und die Gleichstellung der Frauen. Bis wenige Jahre vor ihrem Tod war sie Vorsitzende der Senioren-Delegiertenkonferenz im Bezirk Harburg. Elisabeth Ostermeier starb im Alter von 89 Jahren in Hamburg.

LONNY KELLNER-FRANKENFELD »Ich habe eine positive Lebenseinstellung. Auch heute noch. Dafür kann man nix.« Gefasst und voller Lebensmut war Lonny Kellner, als sie wenige Wochen vor ihrem Tod im Hamburger Abendblatt noch einmal auf ihr Leben mit ihrem 1979 verstorbenen Mann Peter Frankenfeld und ihre eigene Fernsehkarriere zurückblickte. In den 50er-Jahren wurde sie in der Fernseh-Operette »Die Blume von Hawaii« bekannt. Für ihren Mann verzichtete sie später auf weitere Karriereträume. Den Krebs bezeichnete sie als ihren größten Feind. Schon zweimal hatte sie ihn besiegt, aber nun lautete die Diagnose »unheilbar«. Mit dem Tod habe sie sich auseinander gesetzt, Angst habe sie nicht, sagte sie. Im Kreis ihrer Familie in Wedel verbrachte Lonny Kellner-Frankenfeld ihre letzten Monate. Am 22. Januar starb sie im Asklepios-Klinikum in Hamburg.

PROF. DIETER S. LUTZ Er war einer der international führenden Friedensforscher: Dieter S. Lutz starb am 13. Januar 2003 in

der Hamburger Landesvertretung in Berlin. Der 53-Jährige war in die Hauptstadt gereist, um sich mit Verteidigungsminister Peter Struck (SPD) zu treffen. Er hatte in der Landesvertretung übernachtet. Als er zum verabredeten Zeitpunkt nicht erschien, ließ eine Sekretärin die Tür aufbrechen. Dieter Lutz lag tot im Badezimmer – er starb an Herzversagen. Der Leiter des Instituts für Friedensforschung und Sicherheitspolitik an der Universität Hamburg (IFSH) hinterlässt seine Frau und zwei Kinder im Alter von zwölf und 16 Jahren. Lutz, der in Tübingen, Den Haag und London Politik- und Rechtswissenschaften studiert hatte, war am IFSH 1976 – erst 26-jährig – stellvertretender wissenschaftlicher Direktor des damaligen Institutsdirektors Wolf Graf von Baudissin geworden. Unter dessen Nachfolger Egon Bahr wurde er 1984 geschäftsführender Direktor, 1994 dann Bahrs Nachfolger.

RUDOLF AUGSTEIN Er war einer der einflussreichsten Journalisten der Nachkriegszeit: Rudolf Augstein, Gründer, Herausgeber und langjähriger Chefredakteur des Nachrichtenmagazins »Der Spiegel«, starb am 7. November 2002 – nur zwei Tage nach

seinem 79. Geburtstag – an den Folgen einer Lungenentzündung. Augstein hatte den »Spiegel« 1947 gegründet und das Magazin zur einflussreichsten politischen Zeitschrift Deutschlands gemacht. »Der Spiegel« deckte Skandale wie die Parteispendenaffäre der 80er-Jahre, den Neue-Heimat-Skandal und die Barschel-Affäre auf. 1962 wurde Augstein wegen des Verdachts des Landesverrates festgenommen – der Vorfall ging als »Spiegel-Affäre« in die Geschichte ein. Nach 103 Tagen kam er frei.

Hamburg ehrte seinen Ehrenbürger mit Trauerbeflaggung in der ganzen Stadt und einem ergreifenden Staatsakt in der Hauptkirche St. Michaelis. 2500 Persönlichkeiten aus Politik, Wirtschaft, Medien und Kultur – unter ihnen Bundeskanzler Gerhard Schröder und Bundespräsident Johannes Rau – nahmen daran teil.

JOCHEN WOLF Als »Kämpfer gegen den Wahnsinn der Normalität« kam Jochen Wolf von der Isar 1968 an die Elbe zum NDR und blieb dort – erst als freier, dann als fester Redakteur – bis zu seiner Pensionierung. Der kreative Rebell wollte bei seiner Arbeit als Filmredakteur und Moderator stets das zeigen, was hinter dem Normalen, hinter den Fassaden steckt. Als Moderator des »Kulturspiegels« eckte er mit seiner Direktheit regelmäßig an; er brachte dem Magazin die einzige einstweilige Verfügung ein, aber auch eine Quote von 13 Prozent. Für die Aufzeichnung eines Neumeier-Balletts erhielt er die Goldene Kamera. Später ging Wolf zum Fernsehspiel; 1991 übernahm er als Nachfolger von Hans Brecht die Leitung der Film- und Theater-Redaktion, damit unter anderem auch den legendären Filmclub. In dieser Zeit drehte er viele Dokumentarfilme über seine geliebte Welt des Kinos. 1999 entstand seine letzte umfangreiche Dokumentation: eine Hommage an die Große Freiheit auf St. Pauli. Am 10. Mai starb Jochen Wolf im Alter von erst 63 Jahren an Krebs. Er hinterlässt eine Frau und einen Sohn.

GERHARD MAUZ wollte stets ergründen, warum Menschen Verbrechen begehen. Den Angeklagten sah er im »Spiel um Schuld und Sühne«, wie er den Strafprozess einmal nannte, zuallererst als Menschen, dem er gerecht werden wollte – was ihm in aller Regel vorzüglich gelang. Von 1964–90 war der Sohn eines Psychiaters Gerichtsreporter beim »Spiegel«. Mauz, der Psychologie und Philosophie studiert hatte, konnte menschliches Fehlverhalten durchschaubar machen und erklären, ohne dabei die Opfer aus dem Blick zu verlieren. Seine exzellent geschriebenen Gerichtsreportagen haben Maßstäbe gesetzt. Mauz, der unter anderem mit dem Bundesverdienstkreuz und dem Alexander-Zinn-Preis ausgezeichnet wurde, starb am 14. August im Alter von 77 Jahren in Hamburg.

GÜNTHER KRÜGER war einer der ersten Fotografen, die für das Hamburger Abendblatt arbeiteten. Er hatte sich unter 300 Bewerbern durchsetzen können. Erste Foto-Erfahrungen sammelte er während des Zweiten Weltkriegs als Offizier der Wehrmacht. Später übernahm er die vielfältigen fotografischen Aufgaben, die sich bei einer großen Tageszeitung bieten. Nach 26 Jahren beim Abendblatt wechselte Krüger zuletzt zur »Hörzu«. Seine größte berufliche Herausforderung war die Hamburger Flutkatastrophe von 1962. Um besonders authentische Bilder machen zu können, hatte ihm Verleger Axel Springer damals seinen privaten Hubschrauber zur Verfügung gestellt. Günther Krüger, der später als *der* Flutfotograf galt, starb am 26. März im Alter von 83 Jahren im Albertinen-Krankenhaus.

MICHAEL SCHMITZ, seit 1987 Chefgestalter des Hamburger Abendblattes, hat das Gesicht der Zeitung über Jahre hinweg geprägt. Der geborene Rheinländer hatte das Zeitungmachen noch in der Bleizeit gelernt. Ob es die Marke für eine Serie oder den neuen Roman war, ein besonderer Fotoschnitt, ob eine außergewöhnliche Serie optische Highlights brauchte oder ein Teil

der Zeitung ein dezentes Lifting: Michael Schmitz, den alle Freunde amerikanisch-dynamisch nur »Mike« nannten, machte Vorschläge, änderte und feilte unermüdlich, bis das beste Ergebnis für sein Abendblatt erreicht war. Er starb, nur 57 Jahre alt, am 9. Januar.

HANS FAHNING Der ehemalige Vorstandsvorsitzende der Hamburgischen Landesbank starb am 23. Mai 2003 im Alter von 77 Jahren. Der Sohn eines Lagermeisters aus Barmbek hatte als 19-jähriger Soldat noch kurz vor Kriegsende schwere Verletzungen erlitten, verbrachte ein volles Jahr im Lazarett und holte als 21-Jähriger in Hamburg sein Abitur nach. Während des Studiums jobbte er in der Hamburger Wirtschaftsbehörde – bei einem Abteilungsleiter namens Helmut Schmidt. Als promovierter Volkswirt begann Fahning, in der Wirtschaftsbehörde zu arbeiten, wurde später Staatsrat in der Ar-

beits- und Sozialbehörde und war unter Bürgermeister Herbert Weichmann Staatsrat für die Senatskanzlei – bis er 1972 in den Vorstand der Landesbank eintrat und von 1973 bis 1993 an dessen Spitze tätig war.

KAPITÄN WILLY SCHLATERMUND Sein Leben waren Seefahrt, Abenteuer und die weite Welt. Willy Schlatermund umrundete viermal das Kap Hoorn, er war Walfänger in der Antarktis und sieben Jahre lang Kapitän auf der Luxusyacht »Christina« von Tankerkönig Aristoteles Onassis. Dort lernte er die Großen dieser Welt kennen. Maria Callas, Marlene Dietrich, König Konstantin von Griechenland, Winston Churchill und Greta Garbo – alle waren Gäste auf Onassis' Yacht. »Käpt'n Willy« starb am 19. September 2003 – nach bewegten 90 Lebensjahren. »Mein Vater ist friedlich eingeschlafen«, sagte Gerd Gerboth (56), der jüngste von drei Söhnen. Er kümmerte sich in Schnelsen um seine Mutter Margaret (85), mit der Willy Schlatermund fast 50 Jahre verheiratet war. Der Sohn eines Eisenbahners wusste schon mit acht Jahren, dass er zur See fahren wollte. Als Erstes heuerte er auf dem Segelschiff »Priwall« an. Später fuhr er auf Dampfern, bis ihn die Fliegerei packte. 36-mal überquerte er den Atlantik mit dem Zeppelin. Doch die See ließ ihn nie los.

Hamburg
in Zahlen

Ein Schiff wie eine Stadt in der Stadt der Schiffe: Das 290 Meter lange Kreuzfahrtschiff »Oosterdam« kam nur drei Tage nach seiner Taufe zu Besuch nach Hamburg. Es hat 924 Kabinen, bietet 1848 Passagieren Platz und macht 22 Knoten Fahrt. Immer mehr Kreuzfahrtschiffe nehmen Kurs auf Hamburg: Im Jahr 2000 legten 32 Schiffe am Kreuzfahrtterminal am Grasbrook an, 2002 bereits 38 Schiffe mit insgesamt 25 920 Passagieren. Die Folge: Das provisorische Kreuzfahrtterminal wird zu klein. Es soll erweitert werden. Künftig sollen auch Kreuzfahrtschiffe am ehemaligen Terminal der Englandfähre anlegen.

Nur 15 707 Babys kamen 2002 in Hamburg zur Welt. Das ist die niedrigste Geburtenrate seit 1989

DIE MENSCHEN Ende 2002 lebten 1 728 806 Hamburgerinnen und Hamburger in der Stadt, die höchste Einwohnerzahl seit 1974. In den Jahren 2001 und 2002 stieg die Einwohnerzahl um 13 414 Personen. Die Zahl der Zuzüge aus anderen Bundesländern (ohne die Umlandkreise) und dem Ausland liegt seit 1999 deutlich über 60 000 Personen pro Jahr.

■ Hamburgs ausländische Bevölkerung: Ende 2002 waren in Hamburg 255 119 Ausländerinnen und Ausländer gemeldet – gegenüber dem Vorjahr ein Rückgang um fast 6000 Personen. Knapp ein Viertel (61 899) hat die türkische Staatsangehörigkeit. Die Zahl der Türkinnen und Türken ist seit Mitte der 90er-Jahre rückläufig (1995: 72 039). In den vergangenen drei Jahren nahmen 8348 Türkinnen und Türken die deutsche Staatsangehörigkeit an.

■ Im Jahr 2002 kamen 15 707 Hamburger Babys auf die Welt. Das ist die niedrigste Ge-

burtenzahl seit 1989 (Höchststand 1997 mit 16 970). Die Zahl der Geburten je 1000 Frauen im gebärfähigen Alter ist auf 42 gesunken. Drei von zehn Neugeborenen haben eine unverheiratete Mutter.

■ Geheiratet wird immer weniger. Erstmals in den vergangenen drei Jahrzehnten waren es weniger als 7000 Eheschließungen. 1970 gab es noch doppelt so viele Hochzeiten. Bei rund jeder vierten Eheschließung des Jahres 2002 hatte mindestens einer der beiden Partner eine ausländische Staatsangehörigkeit.

■ Insgesamt gibt es 350 000 Ehepaare in Hamburg. In diesem Jahr können 2980 Ehepaare ihre goldene Hochzeit (50 Jahre) feiern.

■ In Hamburg gibt es 443 200 Single-Haushalte. In fast der Hälfte der Hamburger Haushalte (insgesamt 922 500) lebt nur eine Person. Unter den Single-Haushalten stellen die Seniorinnen mit gut 20% (91 700 Haushalten) einen besonders hohen Anteil. Deutlich größer als in Hamburg ist der Anteil an Ein-Personen-Haushalten in Frankfurt am Main und München.

■ Im Jahr 2002 sind 2966 Männer, Frauen und Kinder aus Hamburg abgeschoben worden. Das sind 36% mehr als noch 2001. Die Zahl der Asylsuchenden ist von 2783 auf 906 Personen gesunken.

■ 65% der Hamburger votierten bei einer Umfrage zur Präsentation der neuen blauen Polizeiuniformen gegen die neue Version.

■ 92% der Hamburger unterstützten die Olympiabewerbung der Hansestadt.

■ Die Hamburger lieben ihre Stadt. 64% leben sehr gern in der Hansestadt, 32% gern und nur 5% ungern.

■ Im vergangenen Jahr sind 2617 Hamburger ausgewandert. Die USA sind das beliebteste Ziel der Auswanderer.

DIE SOZIALE SITUATION Frauen

verdienen im Schnitt ein Drittel weniger als ihre männlichen angestellten Kollegen.

■ Insgesamt 10148 Menschen haben die Angebote der 42 Hamburger Drogenhilfeeinrichtungen genutzt.

■ Jeder Othmarscher verdient durchschnittlich 81149 Euro pro Jahr. Die Nienstedter kommen auf 72076 Euro. Am wenigsten Geld haben die Menschen in St. Pauli (21293 Euro pro Person), auf der Veddel (21445 Euro) und Dulsberg (21717 Euro) zur Verfügung.

■ 12% der Hamburger Senioren sind pflegebedürftig. Das sind 34000 Hamburger über 65 Jahre.

■ Bei einer Behördenuntersuchung zum Thema Schwarzarbeit von Sozialhilfeempfängern wurden 2002 nur 64 Personen Leistungsmissbrauch nachgewiesen. In Hamburg gibt es 130000 Sozialhilfeempfänger.

DER ARBEITSMARKT Die Hand-

werkskammer vermeldet einen erneuten Umsatzeinbruch von 2% und 2000 verlorene Arbeitsplätze. Zwar liegt das Hamburger Handwerk damit besser als der Bundesschnitt (−4,5%), doch laut Präsident Peter Becker kann sich Hamburg dem Sog nach unten nicht entziehen.

■ Auf 35,8% der Arbeitsplätze sind Pendler beschäftigt. Das sind 277700 Stellen, ein Jahreszuwachs von 2,3%.

Immer mehr pendeln aus dem Umland zum Arbeitsplatz nach Hamburg – zum Beispiel durch den neuen Elbtunnel

■ 795400 Hamburgerinnen und Hamburger waren im Jahr 2002 erwerbstätig – 17600 weniger als im Vorjahr. Von den 15- bis unter 65-jährigen Frauen gehen 60,6% einer Berufstätigkeit nach, von den Männern dieser Altersgruppe 70,3%.

■ Seit 1970 ist die Erwerbstätigenquote der Frauen kontinuierlich gestiegen. Bei den Männern hat sie dagegen seit Anfang der 70-er-Jahre (damals waren fast 90% der Männer erwerbstätig) beträchtlich abgenommen.

■ Der Anteil der Selbstständigen an den Erwerbstätigen hat 2002 mit 13,5% seinen höchsten Stand seit mehr als 30 Jahren erreicht. Der Anteil der Arbeiterinnen und Arbeiter fällt erstmals unter 20%.

WOHNEN UND LEBEN Der Pro-Kopf-Verzehr von Fisch hat sich im vergangenen Jahr um 500 g auf 14,5 kg jährlich erhöht. Davon werden 87% importiert.

Lecker Lachs: Die Hamburger essen immer mehr Fisch – immerhin 14,5 Kilogramm pro Kopf

■ Die Anzahl der bezugsfertig gewordenen Wohnungen hat sich beträchtlich verringert: 3711 im Jahr 2002 gegenüber 9750 im Jahr 1995.

AUS DEN STADTTEILEN Am dichtesten beieinander wohnen die Menschen im Stadtteil Hoheluft-West mit 18 032 Menschen pro Quadratkilometer, in Eimsbüttel leben 16 669, in Hoheluft-Ost 15 210 und in Dulsberg 14 592 Einwohner je Quadratkilometer.

■ Die größte Wohnfläche haben die Bewohnerinnen und Bewohner der Stadtteile Wohldorf-Ohlstedt und Nienstedten mit je-

weils mehr als 50 m² pro Person zur Verfügung; in Billbrook hingegen sind es lediglich 17 m² je Einwohnerin und Einwohner.

■ In Steilshoop beträgt der Anteil der Sozialwohnungen an den Wohnungen insgesamt 71,1%, in Jenfeld 53,6%.

■ In den Stadtteilen Billbrook und Allermöhe ist jeweils rund ein Drittel der Bevölkerung unter 18 Jahre alt. In Barmbek-Süd und Borgfelde erreicht der Anteil der unter 18-Jährigen an der Einwohnerschaft lediglich 9%.

■ In den ländlichen Gebieten Hamburgs, insbesondere in den Stadtteilen Reitbrook, Tatenberg, Spadenland und Ochsenwerder, besitzen rund 70% der Bewohnerinnen und Bewohner ein Auto.

■ Der Anteil arbeitsloser Einwohnerinnen und Einwohner ist mit jeweils rund 12% am höchsten auf der Veddel, in Dulsberg und in St. Pauli. 3% der Bevölkerung sind in Othmarschen ohne Arbeit.

■ Die meisten Vollhandwerksbetriebe – insgesamt 419 Betriebe – haben sich in Hamburgs größtem Stadtteil Rahlstedt angesiedelt, in Cranz hingegen sind nur fünf Betriebe ansässig.

■ Weit über 60% aller Haushalte in St. Georg, St. Pauli und Rotherbaum entfallen auf Singles, in Allermöhe beläuft sich der Anteil der Ein-Personen-Haushalte indessen auf 17%.

KULTURSTADT HAMBURG Das Museum für Arbeit konnte im vergangenen Jahr einen Anstieg der Besucherzahlen um 12,2% auf 139 282 bekannt geben.

■ Die drei Hamburger Staatstheater konnten in der Saison 2001/2002 mit 785 000

Zuschauern die Besucherzahl wieder etwas steigern. Bei den sieben staatlichen Hamburger Museen stabilisieren sich die Besucherzahlen seit mehr als zehn Jahren auf hohem Niveau. Im Jahr 2002 erfreuen sich die Öffentlichen Bücherhallen wachsenden Zuspruchs: Die Besucherzahlen sind weiter gestiegen, die Medienausleihe überschreitet die Zehn-Millionen-Marke.

■ Die Zentrale der Bücherhallen Hamburg zieht am 23. Januar 2004 aus den Großen Bleichen in das ehemalige Postamt 1 am Hühnerposten (Hauptbahnhof). Die neue Zentralbibliothek bietet 412 000 unterschiedliche Medien – Bücher, CDs, CD-ROMs, DVDs, Videos, Zeitungen und Zeitschriften – auf 12 000 Quadratmeter Fläche. Das 1907 von Kaiser Wilhelm II. eingeweihte denkmalgeschützte Gebäude wurde für 20 Millionen Euro umgebaut. Am 30. Dezember schließt die alte Bücherhalle an den Großen Bleichen. Hamburgs Bücherhallen zählen jährlich 4,5 Millionen Besucher; allein in der Zentralbibliothek sind es mehr als 600 000.

Im vergangenen Jahrhundert Hamburgs bekanntestes Postamt, ab 2004 Sitz der neuen Zentralbibliothek

Schwarzfahrer sind ein Problem für die U-Bahnen der Hochbahn: 3,5 % der Passagiere fahren ohne Fahrschein

KRIMINALITÄT Nach einer Studie des UKE sind mehr als die Hälfte der Gefangenen der Jugendhaftanstalt Hahnöfersand psychisch behandlungsbedürftig.

■ Die korrekte amtliche Kriminalstatistik für das erste Halbjahr 2003 wird erst Ende Dezember vorliegen. Am 18. September musste die Polizei einräumen, dass die im Juli veröffentlichte Statistik falsch war: 7220 Fälle waren unberücksichtigt geblieben.

■ Die Kriminalität ist demnach nicht um 2,5 % gesunken, sondern um 2,7 % gestiegen.

VERKEHR 2694 Führerscheine wurden 2002 eingezogen. Dabei traf es nur in jedem siebten Fall eine Frau.

■ 2002 wurden 310 000 Autofahrer geblitzt, das sind 11 % mehr als im Vorjahr. Dadurch kamen 10,18 Millionen Euro in den Staatssäckel.

■ Schwarzfahrer kosten die Hochbahn 20 Millionen Euro pro Jahr. Durchschnittlich fahren 3,5 % der Passagiere ohne Fahrausweis.

■ Hamburgs Straßen sind die sichersten Deutschlands. Statistisch gesehen kommen in Hamburg auf eine Million Einwohner 20 im Verkehr Getötete – viermal weniger als im Bundesschnitt. Dazu kommen 12 105 Verletzte. Trauriges Schlusslicht ist Mecklenburg-Vorpommern mit 164 Verkehrstoten pro eine Million Einwohner.

■ Jedoch liegt Hamburg bei der Verkehrssicherheit für Kinder nur auf dem 60. von 84 Plätzen im bundesdeutschen Vergleich.

■ Im Raum Hamburg sind 17,4% aller Pkw mit erheblichen Mängeln behaftet. Die Stadt liegt damit über dem Bundesschnitt von 16,5%.

WIRTSCHAFTSSTANDORT HAMBURG

Die Metropolregion Hamburg liegt mit 42 128 Euro pro Einwohner weit über dem durchschnittlichen Bruttoinlandsprodukt in Europa. Es belegt den vierten Platz mit 182% über dem Schnitt.

■ Erstmals konnten 2002 mehr als fünf Millionen Übernachtungen im Tourismusbereich gezählt werden. Auch der Trend spricht für Hamburg. Es konnte um 5,6% zulegen, während etwa München 10,2% Übernachtungen verlor. Zudem kommen noch 5,3 Millionen Tagesgäste.

■ 81,5% der Bruttowertschöpfung entfallen in Hamburg auf Dienstleistungsbereiche. Im Vergleich der Bundesländer wird dieser Wert nur von Berlin (82,2%) übertroffen.

■ In der Landwirtschaft und im produzierenden Gewerbe ist die Zahl der Erwerbstätigen seit 1991 jeweils um ein knappes Viertel zurückgegangen.

■ Dagegen erhöhte sie sich im Bereich Finanzierung, Vermietung und Unternehmensdienstleistungen um 44%.

■ Hamburg ist international attraktiver geworden. 96 Staaten haben Konsulate, damit wird die Hansestadt weltweit nur noch von New York (106) übertroffen.

■ 40 Messen und Ausstellungen jährlich organisiert die Hamburg-Messe – mit einer Million Besuchern, außerdem 200 Fachkongresse mit 150 000 Teilnehmern.

■ In Hamburg stieg die Zahl der Insolvenzen im ersten Halbjahr 2003 um 56% auf 527. Vor allem Handel und Baugewerbe klagen, dass sie durch die schlechte Zahlungsmoral der Kunden besonders gefährdet seien. Die privaten Insolvenzen stiegen sogar um 60% auf 698 in den ersten zwei Quartalen.

■ Verarbeitendes Gewerbe: Zwar ist 2002 die Anzahl der größeren Betriebe (mit mehr als 20 Beschäftigten) im verarbeitenden Gewerbe weiter zurückgegangen, der Gesamtumsatz (ohne Mineralölverarbeitung) hat mit fast 25 Milliarden Euro jedoch einen neuen Höchststand erreicht.

■ Der größte Teil des Hamburger Außenhandels, zwei Drittel der Ausfuhr und mehr als die Hälfte der Einfuhr wird mit europäischen Ländern abgewickelt. Dabei ist Frank-

Der Tourismus in Hamburg boomt: Im Februar kamen die ersten chinesischen Pauschaltouristen nach Hamburg

Der Hafen ist nach wie vor der Motor der Hamburger Wirtschaft: die »Repubblica di Genova« der Grimaldi Lines beim Einlaufen

reich der wichtigste Partner. Die USA nehmen den zweiten Platz ein.

■ Der Güterumschlag im Hamburger Hafen nimmt kontinuierlich zu und beläuft sich 2002 auf über 98 Millionen Tonnen, mehr als doppelt so viel wie vor 30 Jahren. 5,4 Millionen Container wurden im Jahr 2002 umgeschlagen, ihre Ladungsmenge macht 94% des gesamten Stückgutaufkommens aus.

■ Hamburg hat noch immer rund 1000 Multimedia-Firmen mit etwa 16000 Beschäftigten.

■ Die Zahl der Arbeitslosen ist in allen IT-Berufen in Hamburg auf 2500 Menschen angewachsen.

■ Mittelständische Agenturen sind die neuen Leistungsträger. In Hamburg gibt es 5700 Firmen mit rund 71000 Mitarbeitern, die von der Informationstechnologie (IT) leben.

SCHULE UND AUSBILDUNG 2002 wurden über 15000 junge Menschen aus Hamburger Schulen entlassen, fast jeder dritte (32%) mit Abitur, 30% mit mittlerer Reife und 25% mit Hauptschulabschluss. 1747 Schülerinnen und Schüler (11,6%)

verlassen die Schule ohne Abschluss, ein gegenüber den Vorjahren leicht gesunkener Anteil.

■ Von den jungen Frauen gehen 10% ohne Abschluss ab, bei den männlichen Schülern sind es 13%. 36% der abgehenden Schülerinnen gegenüber 28% der Schüler haben die Abiturprüfung bestanden. 27% der jungen Männer machen den Hauptschulabschluss, von den Mädchen 22%.

■ Pro Schüler gibt die Hansestadt im Jahr 6100 Euro aus.

■ Nur noch 49% der Azubis sind Hamburger, 19% stammen aus Schleswig-Holstein, 13% aus Niedersachsen.

■ Nur noch etwa 16% der Hamburger Unternehmen bilden aus. Damit liegt die Stadt deutlich unter dem Bundesschnitt von 25%. Leidtragende sind die 3500 Schulabgänger, die noch ohne Ausbildungsplatz sind.

■ Die Anzahl der Studierenden an Hamburger Hochschulen hat mit 69 180 fast wieder die bisherige Höchstzahl von 70 060 aus dem Wintersemester 1993/1994 erreicht.

■ Insgesamt 18 746 Bewerbungen um einen Studienplatz gingen für das Wintersemester 2003/04 an der Universität Hamburg ein. Damit erfreut sich das vielfältige Studienangebot der Universität Hamburg bei jungen Leuten erneut wachsender Beliebtheit.

■ Im Vergleich zum Vorjahr lag die Zahl der Gesamtbewerber diesmal um 2149 höher und hat sich somit noch einmal um 12,9% gesteigert.

■ Bereits zum Wintersemester 2002/2003 lag die Universität Hamburg mit einem Zuwachs der Bewerberzahlen von 15% deutlich über dem bundesweiten Trend.

■ Zu den begehrtesten Studienfächern zählen neben Jura nach wie vor BWL, Medizin und Psychologie. Besonders großen Andrang gab es wie bereits im Vorjahr auch bei den Lehrämtern, wo sich mit 3276 Bewerbern ein Zuwachs von 15% verzeichnen lässt. Die Studiengänge Medienkultur und Journalistik sind ebenfalls sehr gefragt: Auf 27 Plätze kamen bei Journalistik 356 Bewerber, bei Medienkultur wollten sogar 590 einen der 30 Plätze ergattern.

■ Im Jahr 2002 wurde 12666 Hamburgern Unterstützung nach BAföG gewährt. Das entspricht einem Anstieg von 12% zum Vorjahr.

■ Von den Studierenden insgesamt stammen 47% aus Hamburg, 13% haben das Abitur in Schleswig-Holstein und 11% in Niedersachsen gemacht.

■ Die Zahl der Schulanmeldungen ist in Hamburg gesunken. Die weiterführenden

Studium in Hamburg: Mit 69180 Studierenden an den Hochschulen hat die Stadt fast wieder so viele Studierende wie im Spitzensemester 1993/94.

Schulen haben dieses Jahr 15182 Anmeldungen (−5,2%) bekommen. Die Gymnasien verlieren 8,1% Anmeldungen, Haupt- und Realschulen 7,5%. Einzig die Gesamtschulen können trotzdem ein Plus von 0,9% verbuchen.

■ Hamburg bekommt bis 2007 aus Bundesmitteln 65 Millionen Euro für den Aufbau von Ganztagsschulen. Insgesamt sind für das Programm vier Milliarden Euro vorgesehen.

DIE FINANZEN DER STADT Die Hansestadt will im Jahr 2003 9,6 Mrd. Euro ausgeben. Von den 38 Mrd. in Hamburg eingezogenen Steuern bleiben 6,78 Mrd. in der Hansestadt. 1,4 Mrd. kommen aus Gewinnen und Bußgeldern sowie EU-Subventionen dazu. Die Deckungslücke von ca. 1,4 Mrd. wird durch Vermögensverkäufe (600 Mio.) und Neuverschuldung (800 Mio.) aufgebracht. Damit erhöht sich der Hamburger Schuldenberg auf 21,8 Mrd. Euro.

WAHLEN In Hamburg fanden keine Wahlen statt, jedoch nutzen bereits zwei Initiativen die Möglichkeit, ein Volksbegehren zu beantragen. Insgesamt haben die Initiatoren der Kampagne »Gesundheit ist keine Ware« 107964 Unterschriften abgegeben. Die Prüfungen dieser Unterschriften haben ergeben, dass das Volksbegehren von mehr als den benötigten 60375 Wahlberechtigten durch gültige Unterschrift unterstützt wurde. Der Senat hat daher am 10. Juni 2003 das Zustandekommen des Volksbegehrens festgestellt.

■ Die Listen der Kampagne »Für ein neues Wahlrecht« werden noch geprüft. 44737 gültige Unterschriften liegen vor, weitere ca.

33 000 sind zur Prüfung eingereicht. Die Initiatoren des Volksbegehrens »Mehr Bürgerrechte – Ein neues Wahlrecht für Hamburg« haben bisher rund 75 000 Unterschriften eingereicht. Erforderlich sind 60 375 Unterschriften, ein Zwanzigstel der Wahlberechtigten der vorangegangenen Bürgerschaftswahl.

ZU GUTER LETZT Am 28. September feierte der beliebteste deutsche Sportler aller Zeiten, Max Schmeling, seinen 98. Geburtstag.

■ Sport: Zwar ist 2002 die Gesamtzahl der Mitglieder in den Hamburger Sportvereinen wieder leicht unter eine halbe Million gefallen, nach wie vor steigend sind aber die Mitgliedschaftsquoten der Kinder und der Senioren: 40 % der unter 15-Jährigen und 20 % der über 60-Jährigen gehören einem Sportverein an. Bei den Senioren hat sich die Mitgliedschaftsquote seit 1985 damit mehr als verdreifacht.

Aerobic-Light gehört zu den beliebtesten Kursen im Verein am Sievekingdamm: 20 % der über 60-Jährigen gehören einem Sportverein an

Der Super-Sommer 2003 machte Hamburg zum Weinanbaugebiet. Berufsschullehrer Jürgen Falcke erntete am 23. September direkt über den Landungsbrücken den Hamburger Wein

■ Weinlese 2003 in Hamburg: Die Trauben vom 500 Quadratmeter großen Stintfanger Weinberg oberhalb der Landungsbrücken haben zwischen 80 und 85 Oechsle Zuckergehalt – das entspricht der Qualität eines Spätleseweins.

■ Marie und Alexander waren im vergangenen Jahr die beliebtesten Vornamen für den Hamburger Nachwuchs. An zweiter und dritter Stelle stehen bei den Mädchen Sophie und Anna, gefolgt von Maria, Lena und Johanna. Bei den Jungs stehen Leon und Maximilian auf Platz zwei und drei. Paul, Luca und David folgen.

■ Der trockene und heiße Sommer hat auch Nachteile gehabt. Die Elbe führt viel zu wenig Wasser mit sich. Zwischen Dömitz und Lauenburg liegt die Fahrwassertiefe bei 64 Zentimetern, somit fehlt gut ein Meter zur Schiffbarkeit.

Register

Die Autoren

Daniela Stürmlinger
Wirtschaft

Rainer Grünberg
Sport

Christoph Rind
Wissenschaft

Matthias Schmoock
Lokalredaktion

Sven Kummereincke
Lokalredaktion

Heinrich Oehmsen
Hamburg Live

Die Herausgeber und Autoren

Hans-Juergen Fink
Kultur und Medien

Matthias Gretzschel
Kultur und Medien

Irene Jung
Wochenend-Journal

Berndt Röttger
Wissenschaft,
Aus aller Welt

Bildnachweis

Titel: Antje: Ullstein;
Kaispeicher: Herzog de Meuron; Ole von Beust: Patrick Piel

Umschlagrückseite: Bertinipreisverleihung: Michael Zapf

Action Press: 69 o.; 165, 279 u. li.; AFP: 90/91; Airbus: 92; AP: 100, 126, 258 o. li.; Argus: 135 u., 285 o.; Arning, Michael: 134, 151, 181, 183, 230 u., 256 u., 260/261; Badekow; Holger: 226 o.; Baering, Thomas: 160 o.; Bodig, Klaus: 8/9, 93 o., 94 u., 164, 219 o. + u., 222 o., 225 u., 264, 295(1); Bongarts: 116, 118 u., 122/123, 127 u., 129 o. + u., 187 o., 191, 196 o., 203 o.; Breuel-Bild: 102; Brinckmann, Martin: 47 u., 57, 222 u., 274 re.; BRT: 229 o.; Brumshagen, Gunnar: 267 u.; CLA: 107 o.; DCNA: 214, 215, 216 u. re.; Declair, Arno: 166 u. re.; Ddp: 64/65, 70 mi., 159, 185, 186 o., 218 o., 245 u., 269; Disney on Ice: 170; Domizlaff, Svante: 216 u. li.; Dpa: 2, 14/15, 18/19, 46 o., 49, 73, 95, 99 u., 111, 147, 160 u., 166 u. li, 173, 208 o. li., 213, 225 o., 227, 228 u., 230 o., 235 u., 236 o., 241 o., 243, 244 u., 247 o. + u., 248 o., 249 o., 253 o., 258 o. re. + u., 266, 268, 273 re., 275 li., 282, 289 o.; Enger; Christian: 179, 234; Epd: 274 li.; Fabricius; Bertold: 12/13, 162; Face to Face: 112 o.; Fantitsch, Oliver: 60, 250/251, 254 li.; Firo: 128 o.; Flughafen Hamburg: 35; Foto Press: 248 u.; Frederika: 47 o., 54, 55 o., 62 o., 98 u., 187 o., 217 o. re., 279 o., 287; Freese, Iko: 146; GAL Bürgerschaftsfraktion: 28 o.; Gern, Joachim: 71 u.; Dr. Götz Land und Karte: 63; Hasenpusch: 208 u.; Hempel, Jörg: 38; Herzog de Meuron: 58/59; Heyer, Silke: 22/23; HochZwei: 124 o., 125; Hytrek, Thomas: 180, 207 o.; Imperial War Museum: 79; Jüschke, Matthias: 36, 67 u., 93 u., 99 o., 101 o., 141, 251 u.; Kampnagel: 171; Keystone: 272 u.; Koons: 197; Krug: 101; Kujath, Christa: 97 u., 137 u.; Laible, Andreas: 10/11, 71 o., 106, 128 u., 138, 142/143, 156 o. + u., 176 o. + u., 196 u., 226 u., 229 u., 231 o., 235 o., 249 u., 255, 276 u., 288, 295(5); Loreley Klassik: 113 u.; Lüttgen, Dieter: 30, 31, 32 u., 44/45, 46 u., 53, 56, 61, 157, 158 u., 239 o., 277 o., Malzkorn, Stefan: 109, 110, 111, 174 u., 207 u., 208 u., 237, 253 u., 254 re.; Moenkebild: 166 o.; NDR: 277 u.; Nordphoto: 112 u.; Ott, Astrid: 34, 96 u., 119, 224, 244 u.; Pflugrad, Arne: 194 o.; Phoca: 32 o., 103, 137 o., 192 o., 199 o., 221; Piel, Patrick: 61 mi., 70 o., 72, 85, 94 o., 96 o., 154, 188, 203 u., 233, 267 o.; Privat: 262, 265, 278 u.; Public Address: 108 o. + u., 110 li. + re., 184 u., 194 u., 201 u., 228 o., 231 u., 241 u., 250 u.; Rauhe, Michael: 29, 33, 39, 40 o., 41 o., 42, 50, 52, 153 u., 172, 189, 195, 199 u., 238, 245 o., 250 li., 295(1); Rebaschus, Matthias: 246; Reuters: 220 o., 232 u. li.; Riewerts: 273 li.; Röhrbein, Ingo: 26/27, 62 u., 67 o., 76/77, 113 o., 136, 144 o., 161, 163 o. re., 167, 168, 175, 202, 216 o., 217 u., 240, 286, 295; rtn/meyer: 152; Sawatzki, Ronald: 40/41, 104/105, 107 u., 117, 163 o. re. + u., 174 o., 208 o. re., 211, 212 o. re. + u.; Schneider, Sybille: 28 u.; Scholz, Michael: 184 o.; Schulze, Jörg Martin: 190 o., 201 u., 205, 206, 232 o., 252, 257; Schwartz, Michael: 41 u., 124 u., 239 u., 272 o., 283; Schwarz, Michael: 232 u. re.; Simon, Friedemann: 155, 198; SFB: 275 re.; Soggia, Sylvia: 289 u.; Solcher, Bertram: 97 o., 186 u., 218 u., 262; Spoerer: 295(1); Sun, Patrick: 236 u.; TCN: 220 u.; Teutopress: 278 o.; Tom Tailor: 204; UCA: 217 o.; Ullstein: 74/75, 81, 84, 149; Wallocha, Stephan: 43, 127 o., 145, 177, 200, 210 o., 223, 242; Witters: 120; Wolschina, Lars: 279 u. re.; ZB: 280/281; Zand-Vakili, Andre: 212 o. li.; Zapf, Michael: 3, 16/17, 20/21, 24/25, 40 o., 48, 55, 66, 68, 69 u., 70 u., 78, 86, 87, 88, 89, 98 o., 114/115, 118 o., 121, 130/131, 132, 133, 135 o., 144 u., 148, 150 o., 153 o., 158 o., 169, 178, 182, 190 u., 192 u., 193 o. + u., 256 o., 270/271, 276 o., 284, 285 u., 295(1)

Impressum

Copyright © 2003 by Hamburger Abendblatt Axel Springer AG

Axel-Springer-Platz 1, D-20350 Hamburg
Telefon: 040 / 34 72 22 72, Telefax: 040 / 34 71 22 72
E-Mail: abendblatt-buecher@asv.de
Online: www.abendblatt.de

Redaktion: Hans-Juergen Fink, Dr. Matthias Gretzschel, Irene Jung, Berndt Röttger
Bildredaktion: Silke Blumenstein-von Loesch
Lektorat, Hamburger Chronik 2003: Gabriele Schönig, Andrea Wolf
Hamburg in Zahlen: Henning Obens
Gestaltung und Produktion: Peter Albers, Hamburg
Satz und Lithographie: Albert Bauer KG, Hamburg
Druck und Bindearbeiten: Druckerei zu Altenburg, Altenburg
Printed in Germany

ISBN 3-921305-14-4